ANATOMIA DA ILUSÃO
A DRAMATURGIA CORPORAL

Maria Pia Sconamilio

ANATOMIA DA ILUSÃO
A DRAMATURGIA CORPORAL

© 2018, Madras Editora Ltda.

Editor:
Wagner Veneziani Costa

Produção e Capa:
Equipe Técnica Madras

Revisão:
Arlete Genari
Ana Paula Luccisano
Margarida Ap. Gouvêa de Santana

Dados Internacionais de Catalogação na Publicação (CIP)
(Câmara Brasileira do Livro, SP, Brasil)

Sconamilio, Maria Pia
 Anatomia da ilusão : a dramaturgia corporal /
Maria Pia Sconamilio. -- São Paulo : Madras, 2018.
 Bibliografia.
 ISBN 978-85-370-1166-9

 1. Corpo humano 2. Dança 3. Linguagem corporal
na arte 4. Movimento (Representação teatral)
5. Representação teatral 6. Voz - Educação
I. Título.

18-21755 CDD-701.8

Índices para catálogo sistemático:
1. Dramaturgia corporal : Artes 701.8
Cibele Maria Dias - Bibliotecária - CRB-8/9427

É proibida a reprodução total ou parcial desta obra, de qualquer forma ou por qualquer meio eletrônico, mecânico, inclusive por meio de processos xerográficos, incluindo ainda o uso da internet, sem a permissão expressa da Madras Editora, na pessoa de seu editor (Lei nº 9.610, de 19/2/1998).

Todos os direitos desta edição reservados pela

MADRAS EDITORA LTDA.
Rua Paulo Gonçalves, 88 – Santana
CEP: 02403-020 – São Paulo/SP
Caixa Postal: 12183 – CEP: 02013-970
Tel.: (11) 2281-5555 – Fax: (11) 2959-3090
www.madras.com.br

Dedico este livro a todos os artistas da vida e da cena.
Agradeço à designer Michelle Lazzarotti Ogg,
aos atores Poena Viana, Ivano Manzan
e à fotógrafa Claudia Araújo pelas imagens
que ilustram a capa e o Teclado da Expressão.

Índice

INTRODUÇÃO 13
   A Primeira Imagem é a que Fica 13
   Sobre Maria Pia Sconamilio 14

BLOCO 1
A CULINÁRIA DA COMUNICAÇÃO

Capítulo 1
A ARTE DE ILUDIR É ANATÔMICA 19
   A Inteligência Corporal 21
   Navegando com o Corpo 22
      Sobre a Casa das Máquinas 22
      Sobre os Andares Medianos 23
      Sobre a Cabine de Comando 24
   A Relação entre Corpo e Mente 24

Capítulo 2
OS COMANDOS PARA NAVEGAR 27
   A Postura Correta do Território de Flutuação 27
   A Postura Correta do Território de Leveza 28
   A Postura Correta do Território de Base 29
   O Corpo Tombado 29
   A Reeducação do Corpo 31

As Etapas do Processo de Reeducação do Corpo 32
    Observe-se 32
    Toque-se 32
    Siga a Lei do Menor Esforço 33
    Coordene os Movimentos com a Respiração 34
    Confie em Sua Inteligência Inata 34

Capítulo 3
A LINGUAGEM NÃO VERBAL 35
    A Imagem é o Veículo da Comunicação 35
        As Mensagens São Projetadas no Tempo-Espaço 36
    A Ocupação do Espaço 36
        O Círculo do Espaço Pessoal 36
        O Círculo da Quinesfera 37
        O Círculo do Espaço do Desejo 37
        Os Códigos Físicos das Relações Sociais 37
    A Modulação da Expressão no Tempo 38
        O Tempo Interno Rege a Vida Emocional 38
        O Tempo Cronológico Organiza a
        Vida em Sociedade 38
        O Tempo Universal Rege a Transcendência 38
        A Geometria do Tempo 39
    O que Fazer com as Mãos 40
        Divida sua Partitura de Gestos nos
        Três Círculos Espaciais 41
        Evite Fazer o que Fala 41
        Evite Gesticular Excessivamente,
        Colorindo Todo o Discurso 41
        Evite Manter as Mãos Algemadas 41
        Cuidado com o Gesto do "Dedo em Riste" 42

Evite os Cacoetes 42
Utilize os Gestos Simbólicos com Moderação 43
O Comportamento é Gráfico 46

Capítulo 4
O PODER DA VOZ 47
Reaprendendo a Falar 48
O Alfabeto Sonoro Contém as Vogais 49
O Alfabeto Imagético 50
A Conexão entre Corpo e Voz 51
A Projeção da Voz nos Círculos Espaciais 52
Os Mandamentos da Fala 53

BLOCO 2
A DRAMATURGIA DO CORPO

Capítulo 5
O JOGO DO FAZ DE CONTA 59
Os Princípios da Arte do "Faz de Conta" 60
A Arte da Representação Não é uma
Imitação da Realidade 60
Não Há "Emoções Introjetadas"
na Arte da Representação 61
A Arte da Representação é Física 63

Capítulo 6
A FOGUEIRA DA INTERPRETAÇÃO 65
Sobre o Fogo 65
Sobre a Lenha 66
O Contador de Histórias 67
O Ator 68
O Intérprete 69

Capítulo 7
A CONTAÇÃO DE HISTÓRIAS 71
   O Reino da Palavra 73
      O Ritmo é o Maestro da Comunicação 73
   A Preparação de um Texto Narrativo 74

Capítulo 8
UM MODELO DE APRESENTAÇÃO PROFISSIONAL 79

Capítulo 9
MENTINDO COM VERDADE 83
   A Emoção do Narrador 85
      Aja nas Pausas 86
      Vivências Práticas 87
      Elabore um Texto Épico, com Bastante
      Densidade Emocional 87

Capítulo 10
A ARTE DE ENCARNAR PERSONAGENS 89
   O Teclado da Expressão 90
      A Raiva 91
      O Ódio 92
      A Inveja 93
      A Sensualidade 94
      A Alegria 95
      O Orgulho 96
      O Poder 96
      A Tristeza 97
      A Mágoa 98
      O Medo 99

Capítulo 11
A TÉCNICA DA POSSESSÃO 101

    A Expressão dos Estados Emocionais 102
        A Culpa 102
        A Timidez 102
        O Pudor 103
        O Egoísmo 104
        O Ciúme 104
        A Dúvida 104
        A Tranquilidade 104

Capítulo 12
A INTELIGÊNCIA CÊNICA 107
    A Dança da Expressão 108
    O Autoconhecimento 109
    A Pausa é a Cozinha das Emoções 110
    Menos é Mais 110
    O Passo a Passo para Elaborar uma Partitura Cênica 111
    Um Alerta 113

Capítulo 13
CONVERSANDO COM A CÂMERA 115
    A Triangulação 116
        O Enquadramento 116
    Os Olhos São a Janela da Alma 118
        A Diferença entre Olhar para a
        Câmera e Olhar Através
        da Câmera 118
        A Visão Cênica é Ordenada de
        Acordo com o Fio do Tempo 120
        Ouvindo em Relação à Câmera 121
    Gesticulando para a Câmera 121

Capítulo 14
POR QUE ERRAMOS.. 123
Expressão, Impressão e Inexpressão.. 123
    Os Comandos para Evitar o Erro... 125
        Cancele a Memória do Erro!.. 125
        Evite Combater o Erro 125
        Mantenha a Postura Ereta 126
        Plante os Pés no Chão!... 126
        Identifique a Pane da Expressão a
        Tempo de Remediá-la!... 126

Capítulo 15
PARA O ATOR 127
    Respire! 127
    Evite Representar com Angústia 128
    Seja Simples!.. 129
    Seja Generoso! 130
    Liberte-se! 130
    Invente-se!.. 131

Capítulo 16
O TREINAMENTO ESSENCIAL PARA O ARTISTA 133
    A Alquimia da Respiração.. 134
    Caminhar e Respirar... 134
    As Ordens de Movimento para Equilibrar a Postura........... 136
    O Treinamento da Expressão 137
        Exercitando o Teclado da Expressão........................... 137
        Vivência — Acione as Emoções
        Propostas de Forma Muscular....................................... 139
    Elaborando a Autoimagem... 139

REFERÊNCIAS BIBLIOGRÁFICAS.................................... 143

Introdução

A Primeira Imagem é a que Fica

A primeira parte deste livro apresenta um caminho para elaborar a imagem e ampliar o poder de comunicação. A imagem é o nosso cartão de visitas para o mundo, e o próprio veículo da comunicação; está comprovado que 60% do impacto da comunicação é produzido pela estampa, 30% pela voz e somente 10% pelo conteúdo. A pessoa expressiva sabe utilizar sua imagem para se comunicar, enquanto a pessoa inexpressiva é mal compreendida, porque não é transparente: sua imagem expressa uma coisa, seu interior revela outra, gerando uma contradição que pode ser mal interpretada! Já o bom comunicador é claro e legível, e termina atraindo mais sucesso na sua vida pessoal e profissional!

A segunda parte do livro apresenta um caminho para elaborar a arte da representação de acordo com as demandas da atualidade. Hoje todos precisam postar seus conteúdos na internet, falar em público, saber como se relacionar com uma câmera. Já o ator precisa dominar uma técnica muito apurada para acompanhar a sofisticada tecnologia das transmissões visuais, sonoras e eletrônicas. Mesmo nas interpretações improvisadas, é preciso que o ator saiba precisamente como está sendo visto pelo olho da câmera em qualquer momento de sua atuação. O livro *Anatomia da Ilusão* propõe um método de interpretação calcado neste olhar contemporâneo. Além de emocionar-se e tocar o coração do espectador, o artista precisa emitir seus gestos, movimentos e voz de forma precisa, nítida e legível para uma câmera.

Para assimilar esta metodologia, sugiro que o leitor inicie o processo pela leitura de *Corpo Quântico – Anatomia da Expressão*, de minha autoria, que apresenta os fundamentos da corporeidade e dá embasamento para compreender a arte da ilusão de forma física.

Afinal, a interpretação se processa no corpo e através do corpo!

Sobre Maria Pia Sconamilio

Sou uma estudiosa do corpo, da expressão e da teatralidade. Pratico balé, estudei diversos métodos de alinhamento postural e, paralelamente, me formei em jornalismo e artes cênicas. Esses saberes, liquidificados e temperados com a própria experiência de vida, me permitiram criar um processo de educação integrativa que batizei de OMEX: Organização Muscular da Expressão.

Trabalhei com a cineasta Tisuka Yamasaki como preparadora de elenco em seus filmes e produções para TV. Ao longo de 16 anos neste *métier*, desenvolvi uma técnica própria para o artista, que consiste em acionar comandos musculares precisos para deflagrar emoções. O trabalho integra a expressão do corpo e da voz, e permite que o ator module a intensidade de qualquer emoção e que a sustente pelo tempo que for necessário.

A expressão para uma câmera é muito diferente da expressão na vida real. No cinema, a emoção é descontínua e não segue um caminho lógico e linear para ser deflagrada. Podemos filmar a separação de um casal antes do seu encontro e repetirmos a mesma cena inúmeras vezes, por exemplo. Dessa forma, seria impossível sustentar um sentimento vivo e fresco se agíssemos de acordo com os códigos da vida real. Por outro lado, a emoção cênica precisa ser desenhada para a câmera, e isso exige uma elaboração de cada gesto, atitude e movimentos, bem como a consciência da voz, do ritmo e das pausas entre as falas. Essas necessidades me levaram a elaborar uma partitura da emoção cênica para dialogar com a câmara. Vários artistas que trabalharam comigo gostaram do método e "botaram pilha" para que eu escrevesse um livro. A ideia se concretizou por inspiração da atriz Poena Viana, que gravou minhas aulas, organizou minhas falas e deixou tudo catalogado. Agradeço a ela, e a todas as cegonhas que ninaram este "filho", que estava predestinado a nascer. Meu desejo é que este livro inspire e abra canais para desenvolver a criatividade, ampliar o poder de comunicação e lapidar o artista que existe no interior de cada um que o lê.

BLOCO 1
A CULINÁRIA
DA COMUNICAÇÃO

A arte da comunicação é como a arte da culinária; o segredo de um bom prato está na qualidade dos ingredientes e no tempero. Os ingredientes da culinária da comunicação são os atos e as palavras, temperados na dose certa.

O primeiro ingrediente é o trabalho no corpo, examinando a postura, os movimentos, o gestual e compreendendo a sua linguagem não verbal.

O segundo ingrediente é o trabalho de voz, examinando a dicção, a projeção, o tom e o ritmo da fala.

Em seguida, temperamos o corpo e a voz em um fluxo organizado para servir uma mensagem apetitosa!

Esse é o caminho para formar um excelente *chef de cuisine*!

A Arte de Iludir é Anatômica

A arte de iludir é anatômica, porque a interpretação é física por excelência. Somos todos atores na vida, e praticamos o jogo da ilusão por meio do corpo, utilizando movimentos, expressões e sonoridades. Viver em sociedade é vestir máscaras e máscaras: somos pais, filhos, irmãos, alunos, funcionários, turistas, amantes, esposos. Esses personagens são de carne e osso, e, portanto, acreditamos neles. Esta é a base da tragicomédia humana!

A diferença entre os "atores da vida" e os profissionais é que estes utilizam o corpo de forma consciente para interpretar. O ator profissional é aquele que sabe fazer a conexão entre seus movimentos, suas palavras e seus silêncios, criando um fluxo perfeito de expressão. Para tornar-se um bom ator, não é necessário ostentar a beleza de um Apolo, a perfeição de movimentos de um bailarino e a voz de um locutor. O mais importante é ter um corpo inteligente, que saiba utilizar os próprios talentos, e que tire proveito das limitações para se expressar!

Chaplin encantou o mundo pela sua capacidade de tirar o melhor proveito de si mesmo como intérprete. Ele demonstra este senso de oportunidade no filme *Em Busca do Ouro*, na cena em que o vagabundo sonha com uma grande galinha. Ao interpretar a galinha, Chaplin imita o seu jeito de mover o pescoço, seu olhar e seu andar desajeitado. Não há malabarismos físicos nessa imitação, apenas o talento de observação, regado com um senso de ironia afiado! Esse senso de oportunidade deriva da ligação entre a emoção, o gesto e a palavra em prol da interpretação!

Entretanto, vejo que os atores iniciantes se estressam para cumprir uma agenda lotada de aulas de corpo, canto, voz e interpretação, mas aprendem essas matérias de maneira isolada e não sabem ligar os saberes em cena. Essa incapacidade de fazer conexões gera enorme frustração! Muitos desistem da carreira, acreditando que são inexpressivos e que somente alguns gênios conseguem atuar! Ora, se somos todos artistas da arte de viver, dotados de potencial criativo e imaginação, qual seria o motivo dessa inexpressão? Alguns conseguem expressar seus talentos, porque trabalham o corpo de maneira inteligente, por meio da conexão entre o sentimento, o pensamento e a ação!

A Inteligência Corporal

O corpo inteligente conjuga firmeza, agilidade e maleabilidade, e possui um bom repertório de vozes e movimentos para mover e expressar emoções. Esse é o veículo apropriado para que o artista desenvolva a função de "arauto dos tempos" e observador da vida em sociedade!

O corpo inteligente é mais simples do que fanfarrão; move-se como uma sombra, mas possui um carisma natural que atrai a atenção. Ele é bem oxigenado e vitalizado, pois o ar é o fluido vital que o alimenta. Conjuga estabilidade e leveza, equilibrando-se em pé sem esforço, pois as tensões musculares estão nos lugares corretos. O corpo inteligente assemelha-se a um armário firme e bem estruturado, bastando um leve toque para que suas gavetas deslizem suavemente.

O corpo "canastrão" move-se de forma robótica, e possui um vasto repertório de clichês e cacoetes que o tornam inexpressivo. Pelo fato de não respirar, o corpo canastrão possui uma "desnutrição respiratória" tão grave quanto a fome! Essa carência o leva a consumir uma quantidade absurda de energia vital para desempenhar tarefas banais, e não lhe sobra força para mais nada. O estado de apnea crônico é característico do corpo enfraquecido pelo sedentarismo ou estressado pelo esforço muscular da "maromba".

O corpo "marombado" é inadequado para o papel do observador, pois almeja ser o centro das atenções, e sua finalidade é ser desejado e aplaudido! Seus movimentos são duros e rígidos, como um velho armário com gavetas pesadas e emperradas.

O corpo inteligente é ágil, pois se move com força e leveza, como no pulo de um gato. O conceito de agilidade corporal nos remete a malabarismos, entretanto, a coordenação entre as partes e o ritmo do conjunto são mais importantes do que a perfeição dos detalhes. Mané Garrincha foi um craque da bola, embora tivesse as pernas tortas, porque o conjunto da obra funcionava bem. Ele sabia utilizar o movimento inusitado de suas pernas para driblar o adversário com uma ginga fantástica. Garrincha deu o pulo do gato e transformou o seu futebol em arte!

O conceito de agilidade engloba a capacidade de expressar todo e qualquer sentimento por meio da musculatura. O corpo ágil tomba com a dor, mas expande-se com a alegria e o prazer. Já o corpo rígido cristaliza os sentimentos na carne: os músculos se crispam com a dor e perdem a capacidade de relaxar ao final da tormenta. Dessa forma, a situação traumática é revivida indefinidamente e fica carimbada na imagem! O corpo ágil dança conforme a música de cada emoção, mas não cristaliza o sofrimento na carne, pois é dotado de resiliência: este é o veículo ideal para a interpretação!

Navegando com o Corpo

O corpo é como um transatlântico que navega pela vida. Sua estrutura é composta por três territórios que trabalham em conjunto, para equilibrar a postura e a psique.

O território de base corresponde à casa das máquinas do nível inferior do navio, que representa o pilar de força da navegação.

O território de leveza, no tórax, corresponde aos andares medianos do navio.

O território de flutuação, na cabeça, corresponde à cabine de comando, situada no ponto mais elevado do transatlântico.

O capitão do navio é a consciência, que controla toda a embarcação e determina o rumo da navegação.

Sobre a Casa das Máquinas

O território de base reflete o primeiro empilhamento do corpo, que alinha bacia, pernas e pés.

Expressa as emoções viscerais pulsantes que ainda não passaram por uma elaboração racional, tais como a raiva, a paixão, o ciúme, o desespero, o sarcasmo, o ódio, a inveja e a sensualidade. Reflete a capacidade de dar e receber prazer, a coragem e a capacidade de lidar com os instintos mais primários. O território de base elabora-se na infância, quando aprendemos as regras da sobrevivência no mundo físico, tomamos consciência de nossa existência e conjugamos o verbo "EU SOU" (eu existo).

O alinhamento entre a bacia, as pernas e os pés reflete-se em um corpo bem plantado, e invoca uma psique estruturada. Os pés falam de estrutura básica da personalidade: "Diz-me como pisas e te direi quem és", porque os pés revelam quem somos e como nos erguemos ao começar a vida. As pernas falam de vontade e de tônus para materializar nossos desejos, e a bacia é a coordenadora das forças de base e leveza do corpo. Seu posicionamento correto proporciona estabilidade e agilidade aos movimentos.

Sobre os Andares Medianos

O território de leveza reflete o segundo empilhamento do corpo, que alinha o tronco por sobre a bacia e organiza o tórax, os braços e as mãos. Expressa o pensamento e os sentimentos que já passaram por uma elaboração lógica, tais como: ternura, mágoa, alegria, tristeza, timidez, poder, dúvida, orgulho, vaidade.

O território de leveza elabora-se no segundo setênio da vida, por meio da formação da personalidade, quando conjugamos o verbo "EU SEI". Para expressar sentimentos e pensamentos do "EU", o esqueleto se ergue e cria um centro de leveza totalmente desvinculado do território de base. Agora, as quatro patas indiferenciadas do animal assumem funções especializadas; os pés assentam o corpo ao chão e proporcionam firmeza e estabilidade, enquanto os braços ganham leveza e permitem milhares de movimentos.

Sobre a Cabine de Comando

A cabine do capitão corresponde ao cérebro, que está alojado na cabeça. Essa posição privilegiada preserva o local dos possíveis impactos e possibilita uma visão panorâmica imprescindível para a navegação.

O território de flutuação reflete o terceiro empilhamento, que organiza a cabeça e o pescoço sobre o corpo. Expressa a transcendência e os sentimentos nobres, como o amor incondicional, a compaixão, a paz, a generosidade, a humildade, a modéstia e o perdão. Neste patamar, aprendemos a conjugar o verbo "EU SEI QUE SEI". A capacidade de *saber que sabemos* (1) nos permite fazer escolhas por intermédio da consciência crítica. Essa é a base do conhecimento artístico, científico e metafísico. Diz o Budismo que o mestre Buda vivia cada instante com plenitude; quando bebia água, Buda sabia que sabia beber; quando repousava, Buda sabia que sabia repousar; dessa forma, Buda realizava todas as ações em plena consciência.

A Relação entre Corpo e Mente

A visão contemporânea que inter-relaciona o físico e a psique vai ao encontro do modelo de corpo preconizado pelos gregos antigos por meio do famoso provérbio "mente sã em corpo são". Efetivamente, o alinhamento dos territórios de base, leveza e flutuação integra a experiência animal, humana e transcendental.

O ponto de vista EU SOU invoca a sua experiência animal e tudo o que diz respeito à sobrevivência, ao prazer, aos impulsos e aos instintos mais primários. As experiências proativas do patamar de base se refletem em um físico que conjuga estabilidade e agilidade. Sabe mover quando solicitado, mas relaxa ao final do movimento, equilibrando-se em pé sem esforço.

O ponto de vista EU SEI orienta as escolhas no plano mental e emocional. O bom funcionamento desse patamar reflete-se em um corpo expressivo, que responde ao comando de emoções e pensamentos, e tem a capacidade de revelar toda a gama de sentimentos. O corpo expressivo dança conforme a música das emoções que sente, sem cristalizá-las na carne. Ele tomba com a dor, mas retorna ao seu eixo alinhado quando se recupera do sofrimento.

O ponto de vista EU SEI QUE SEI é o ápice da consciência, invoca a relação com o transcendente e permite obter uma visão crítica de si e da realidade. Reflete-se no físico por meio da flutuação da cabeça por sobre o corpo, permitindo o relaxamento dos olhos. Dizemos que os olhos são "a janela da alma", porque eles comunicam as verdades sem subterfúgios. Dessa forma, a flutuação da cabeça e o relaxamento dos olhos são atributos essenciais para o intérprete, já que a comunicação do olhar é um fundamento da arte da representação.

1 – *O Corpo Quântico – Anatomia da Expressão*, Maria Pia Sconamilio, São Paulo: Madras Editora, 2018.

Capítulo 2

Os Comandos para Navegar

Para navegar com excelência, é preciso alinhar os territórios de base, leveza e flutuação em um eixo que coordene os movimentos. Esta estrutura equilibrada organiza a carne e a psique, e denomina-se boa postura!

A Postura Correta do Território de Flutuação

O cérebro troca informações com o mundo por intermédio da visão e da audição, e para realizar essa incumbência é necessário que os olhos e os ouvidos estejam bem posicionados, mantendo a visão no ponto de vista mais elevado.

Os músculos dirigem-se para onde olhamos! Se andarmos cabisbaixos, fatalmente os músculos se contraem, desenhando uma forma enrolada no corpo. Quando elevamos o olhar, a musculatura se alonga naturalmente! Para sustentar essa elevação, é necessário alargar e encompridar as costas, mantendo a nuca longa para que a cabeça fique bem posicionada, apontando em direção ao céu. Repare que quando estamos cabisbaixos, a ponta do nariz direciona-se para baixo, portanto, é importante posicionar as narinas na direção do horizonte!

Quando a cabeça flutua sobre o corpo, automaticamente a respiração se aprofunda, e podemos atingir estados mais elevados de consciência. A postura correta do território de flutuação dá acesso à consciência EU SEI QUE SEI.

A Postura Correta do Território de Leveza

O torso é a sanfona do corpo, que se contrai e se expande ao ritmo da respiração. A região do plexo solar é a residência do Eu personalidade: repare que quando dizemos EU, inconscientemente levamos a mão ao centro do peito!

Mantenha o peito suave, porque esta área fala de acolhimento, de afeto e de troca. Respire no centro do peito e sinta que o osso esterno se move em um suave balanço! A "maromba" excessiva termina endurecendo o tórax, gerando uma imagem robotizada.

Mantenha os ombros arredondados, os cotovelos frouxos e as mãos distendidas. Tendemos a estabilizar a postura colando os ombros às orelhas e crispando os cotovelos. Para plantar o corpo ao chão é preciso realizar o movimento oposto, ou seja: baixar os ombros e deixar os cotovelos frouxos e pesados.

A cintura é um divisor de águas no corpo. Ela separa a corrente descendente que flui em direção aos pés da corrente ascendente que flui em direção à cabeça. Quando a cintura se afrouxa, essas correntes de energia podem circular, e o corpo ganha a possibilidade de torcer e girar. Entretanto, quando a cintura se fixa, ocorre uma estagnação de energia que torna os movimentos robotizados.

A Postura Correta do Território de Base

A bacia alinhada se mantém perfeitamente simétrica, horizontal e verticalmente, apontando para o chão. O centro de força do corpo situa-se a quatro dedos abaixo do umbigo, entre as cristas ilíacas. Esse ponto de força, denominado "Hara" pelos japoneses ou de "Tan Tien" pelos chineses deve ser pressionado na direção das costas, sustentando a musculatura abdominal.

Os joelhos funcionam como âncoras, mantendo o assoalho pélvico na direção do solo e transferindo o peso da bacia para os pés. Quando endurecidos e rígidos, os joelhos passam a reter o peso, que deveria ser transferido ao solo.

Na pisada correta, os pés realizam um movimento de mata-borrão, transferindo o peso dos calcanhares para os metatarsos, articulação próxima aos dedos. Os pés estão distendidos, mantendo suas bordas internas, externas, o calcanhar, os metatarsos e os dedos bem plantados ao chão.

O Corpo Tombado

Além de registrar nossa história pessoal, o corpo expressa a história do mundo; existe um "esqueleto social" que se molda de acordo com os padrões de comportamento de cada época e reflete a ideologia reinante (podemos observar que os corpos altos, marombados e vitaminados dos jovens atuais contrastam brutalmente com os corpos delicados e de baixa estatura de seus antepassados).

O modelo ideal proposto pelos gregos praticamente extinguiu-se em nossa civilização, pois somos fruto de uma cultura bélica que se expressa em variadas posturas de tombamento.

*O corpo tombado reflete uma consciência imatura, que se revela por meio de um veículo físico **rígido**, **inexpressivo** e **desvitalizado**.*

Rígido, pois a compressão gravitacional desenha uma nova forma: mais compacta, menos ágil, menos econômica, em termos energéticos.

Inexpressivo, pois os músculos colam-se uns aos outros, perdendo a capacidade de contrair ou relaxar, de acordo com as emoções e os pensamentos. O corpo retorcido perde a capacidade de expressar toda a gama de sentimentos.

Desvitalizado pela respiração curta e superficial que não oxigena devidamente o organismo.

O corpo tombado opera em padrão de estresse continuamente, como se estivesse em um campo de batalha, e o resultado é desastroso para a expressão e para a saúde. O estresse pode ser definido como ausência de respiração. O estado de apneia é uma expressão de pavor ou choque: quando estamos desesperados ou muito assustados, paramos de respirar e nos travamos. Este recurso, denominado *padrão de impacto,* é utilizado em legítima defesa do organismo para resistir a momentos de grande perigo ou tensão máxima.

Quando operamos continuamente em padrão de impacto, perdemos a capacidade de galgar a consciência ao patamar Eu Sei que Sei, ficamos sem discernimento e, consequentemente, sem livre-arbítrio. Nesta organização mais modesta da consciência, voltamos a ser praticamente quadrúpedes, pois já não conseguimos avaliar o curso de nossos pensamentos, emoções e atos.

A Reeducação do Corpo

É fácil constatar que a grande maioria das pessoas ostenta padrões de tombamento, embora em diferentes graus de intensidade. Cada corpo molda-se de uma forma particular para contar a própria história. O importante é reconhecer quem somos e compreender como nos contorcemos, para que possamos retornar ao eixo equilibrado.

O objetivo da reeducação corporal é devolver ao corpo sua agilidade e inteligência. O processo passa por três etapas: o alinhamento, o alongamento e a musculação.

Para compreender essas etapas, façamos uma analogia simples e pensemos em um oleiro que esculpe um pote de barro. Primeiramente, ele modela a forma do pote, criando uma estrutura geométrica, o que corresponde ao alinhamento físico do corpo.

Posteriormente, o oleiro esculpe os detalhes do pote, elaborando seus contornos e criando espaços definidos na forma, o que corresponde ao trabalho de alongamento corporal.

Finalmente, o pote é colocado no forno para firmá-lo, o que corresponde ao trabalho de musculação do corpo.

Da mesma forma, é preciso respeitar cada etapa do trabalho em nosso corpo para transformá-lo. Entretanto, estamos acostumados a colocar todas as etapas em um mesmo saco, e não atingimos um bom resultado. Quando musculamos um corpo que não está devidamente alinhado e alongado, criamos uma camada de carne dura em torno de uma estrutura equivocada.

O corpo passa a operar por meio do esforço, e seus belos músculos definidíssimos já não respondem a comandos nem expressam emoções.

Obviamente, quanto maior a rigidez, mais difícil será o trabalho de reeducação dos movimentos.

As Etapas do Processo de Reeducação do Corpo

Observe-se

O trabalho no corpo inicia-se pela auto-observação, identificando os prováveis padrões de tombamento. Mapeie seu corpo por meio de um desenho, trace o seu eixo corporal, assinale os desvios, as áreas de tensão, os encurtamentos, e marque tudo o que for importante no seu corpo e na sua história de vida.

O desenho intuitivo é uma ferramenta valiosa de autoconhecimento, pois ele nos "escaneia" com precisão. Entretanto, a simples observação em frente ao espelho é questionável, pois o espelho é um grande impostor: ele revela apenas o que desejamos enxergar através do filtro de nossas fantasias.

Toque-se:

Toque as áreas do corpo assinaladas no seu mapa, fazendo contato com elas. Pelo toque, podemos perceber as zonas que estão endurecidas e encurtadas. Elas possuem uma textura, cor e temperatura diferentes, pois estão mal oxigenadas.

Provavelmente você encontrará pontos doloridos, musculaturas inertes que não respondem ao comando dos movimentos, e zonas flácidas que acumulam gordura, pois a circulação da linfa é ineficiente e não drena as toxinas do local.

Essas áreas do corpo estão pedindo socorro e precisam de sua atenção. Tome providências simples para anular estes efeitos, tais como:

- respire nas partes rígidas e encurtadas, projetando sua consciência nelas;

- massageie-se com carinho, espalhando as bolotas de carne dura;
- friccione os locais endurecidos com uma bucha ou escova de cerdas naturais para facilitar a circulação energética e drenar toxinas.

Escove-se após o banho, desde a ponta dos pés até o topo da cabeça. Detenha-se nas partes adormecidas e nas zonas que ficam abaixo das dobradiças, como o interior dos joelhos, as axilas, as plantas dos pés, a palma das mãos, os dedos e a nuca.

Siga a Lei do Menor Esforço

Jamais extrapole os seus limites, impondo um regime espartano ao seu corpo.

A fadiga e a dor são como bússolas que nos orientam. Quando sentir dor, cansaço ou aquela sensação de "corpo moído" ao praticar exercícios, pare imediatamente e peça orientações ao seu instrutor.

É preferível exercitar-se de maneira suave e adquirir condicionamento físico paulatinamente, do que correr o risco de lesionar o corpo.

A lei do menor esforço é válida para todas as ações quotidianas, pois é devagar que se vai longe. Podemos incluir o sono nessa lei, procurando dormir oito horas por noite, e recuperar o velho hábito de descansar após o almoço, nem que seja por 15 minutos.

Muitos estudos comprovam que a sesta revigora o organismo, já que todos os povos que cultuam este hábito tendem a ser mais longevos e saudáveis. Entretanto, a aflição constante que nos foi imposta em nosso ritmo de vida termina por nos deixar doentes, e aí sim nos tornamos irrecuperavelmente improdutivos.

A língua italiana tem uma expressão muito sábia intitulada "*Il dolce far niente*", que significa "O doce não fazer nada". É necessário ter o tempo de parar, relaxar e não agir em vários momentos do dia, para recuperar o vigor e viver com saúde.

Coordene os Movimentos com a Respiração

A coordenação motora depende da participação de todos os segmentos do corpo nos movimentos. Estabeleça um ritmo constante nos movimentos, e procure adequar todas as partes do corpo nesta cadência homogênea.

Envie bastante oxigênio para acordar as zonas adormecidas que, provavelmente, terão mais dificuldade em acompanhar o ritmo global dos movimentos.

Confie em Sua Inteligência Inata

A reeducação dos movimentos deve fazer parte de sua rotina de vida. Acostume-se a manter a postura ereta mesmo nas pequenas ações cotidianas, e aprenda as ordens musculares para equilibrar a postura. Por fim, dê um voto de confiança para seu corpo. Não lute contra ele nem fique ansioso se os comandos não forem atendidos como você deseja.

Siga indicando o caminho correto para movê-lo, com paciência e perseverança, pois é preciso certo tempo para reorganizar as fibras musculares. No momento exato, sua ordem será atendida.

3: O livro O *Corpo Quântico- Anatomia da Expressão* aprofunda as informações deste capítulo. (Nota do Autor.)

Capítulo 3

A Linguagem Não Verbal

A Imagem é o Veículo da Comunicação

A linguagem não verbal é o ingrediente principal da culinária da comunicação, porque o cérebro pensa por meio de imagens. Gestos, expressões e movimentos falam mais do que mil palavras, e a consciência dessa linguagem é uma ferramenta poderosa para o artista.

Dizemos que a primeira imagem é a que fica, porque a visão produz o maior impacto na comunicação. A imagem conta a nossa história, revelando a herança genética, a psique, a situação social, cultural, financeira, os hábitos, os desejos, os sonhos, os limites e as potencialidades. A "pessoa expressiva" é aquela que se revela claramente por intermédio da imagem, enquanto a "pessoa inexpressiva" projeta uma imagem confusa e nebulosa.

As palavras e os sons acoplam-se às imagens, adicionando-lhes os detalhes e as informações necessárias para a compreensão do seu conteúdo. As mensagens que comunicamos assemelham-se a um desenho animado, composto de imagens e legendado por palavras.

As Mensagens São Projetadas no Tempo-Espaço

Einstein define a vida como uma equação de tempo-espaço, afirmando que: *"Viver é ocupar o espaço com ações durante o período de tempo que vai do nascimento à morte"*. Assim como a vida, a comunicação humana é regida pelo tempo-espaço: saber comunicar é saber adequar a mensagem ao tempo e ao espaço.

A Ocupação do Espaço

É fundamental compreender que o corpo não existe no "nada". O corpo ocupa o espaço por intermédio de ações físicas. Galileu definiu o espaço como um grande "contêiner", cujas arestas se expandem ao infinito. Essa estrutura geométrica é como um palco onde se desenrola a tragicomédia humana!

Segundo Rudolf Laban, podemos orientar os gestos no espaço visualizando três círculos concêntricos que envolvem o corpo.[1]

O Círculo do Espaço Pessoal

O primeiro círculo de espaço envolve o corpo "da pele para dentro". No espaço pessoal, os gestos e os movimentos são pequenos, como dilatar as pupilas, franzir as sobrancelhas, esboçar um sorriso. Esse círculo é utilizado quando há intimidade entre os parceiros de comunicação, como é o caso das carícias, das falas ao pé do ouvido e, até mesmo, do ódio contido.

---

1. Ver Rudolf Laban, *Domínio do Movimento* (detalhes na bibliografia).

O Círculo da Quinesfera

Assim como o caracol, o homem carrega uma "casa de espaço" à sua volta. A quinesfera é a bola tridimensional de espaço que envolve o casulo do corpo físico. Grande parte das ações e o gestual do cotidiano são projetados na quinesfera.

O Círculo do Espaço do Desejo

O espaço do desejo vai além das fronteiras de nosso casulo. A quinesfera é a residência do EU, enquanto o círculo do desejo é o "espaço do outro" e imprime os gestos expansivos. O corpo ocupa o espaço do desejo por meio dos passos largos da dança e das acrobacias. Quando contemplamos uma paisagem, a visão torna-se panorâmica "para fora e para longe" e alcança o círculo do desejo. A intensidade de um soco ou de um grito furioso também extrapola as fronteiras da quinesfera.

Os Códigos Físicos das Relações Sociais

Podemos identificar comportamentos sociais pela maneira como ocupamos as bolas de espaço. As relações de intimidade permitem a entrada do parceiro no círculo do espaço íntimo: podemos tocar, cheirar e até mesmo penetrar no outro.

Nas relações formais, cada qual ocupa sua quinesfera, resguardando sua intimidade dentro de sua bola de espaço. Nas saudações tipicamente profissionais, somente as mãos são oferecidas ao toque, enquanto os corpos se resguardam dentro de suas quinesferas. Essa demarcação espacial ocorre inclusive em situações que nos obrigam ao contato físico sem intimidade, como em transportes e elevadores lotados. Nesses casos, as quinesferas se comprimem, formando uma cerca energética para evitar o contato. Nas relações de poder, o poderoso fica resguardado dentro do grande espaço do desejo: a bola de espaço do poderoso é enorme, e não permite o mínimo acesso físico aos demais.

Existe uma arquitetura das emoções que se revela no gestual: a pessoa extrovertida se expressa com gestos largos que ocupam a fronteira entre a quinesfera e o espaço do desejo. O tímido tem "medo de ocupar o espaço", e seus gestos contidos ficam restritos ao círculo pessoal. O raivoso se expressa com gestos bruscos no círculo do desejo, e o egoísta blinda as fronteiras de sua quinesfera aos demais. Já o simpático tem seu espaço poroso e penetrável!

A Modulação da Expressão no Tempo

O Tempo liga, ordena, pontua e modula a comunicação. É necessário um determinado tempo para emitir, receber e digerir uma mensagem. O Tempo pode ser demarcado em três círculos concêntricos que equivalem ao Tempo Interno, Tempo Cronológico e Tempo Universal.

O Tempo Interno Rege a Vida Emocional

O Tempo Interno ou Tempo Pessoal equivale ao relógio interno e revela nosso estado emocional. Cada sentimento que vivenciamos modifica o tempo interno, impondo sua cadência respiratória.

Um homem entediado experimenta um tempo interno longo, enquanto um homem angustiado acelera seu tempo interno em relação ao tempo cronológico.

A raiva é pulsante e rápida, assim como a alegria. O ódio é um sentimento gelado e lento.

O Tempo Cronológico Organiza a Vida em Sociedade

O Tempo Cronológico é uma convenção que foi instituída para organizar a vida prática. A maioria das ações quotidianas é regida pelo Tempo Cronológico.

O Tempo Universal Rege a Transcendência

O Tempo Universal corresponde à pulsação do universo, o fluir da vida. Expressa os movimentos da natureza, como o vento soprando, a folha caindo, a onda quebrando, o movimento dos planetas em suas órbitas. A respiração ampla e serena dos sentimentos harmoniosos afina-se com o Tempo Universal.

O *ritmo* da comunicação é pautado nos círculos temporais. As mensagens alegres aceleram o ritmo da fala, enquanto as mensagens tristes o ralentam. Quando expressamos paz e harmonia, tendemos a prolongar as pausas, e atropelamos as palavras quando estamos angustiados.

Os gestos e os movimentos corporais se afinam com as três modalidades de tempo. A raiva e o orgulho impõem um ritmo brusco aos movimentos, enquanto a tristeza e o desânimo os ralentam e endurecem. Já o amor, a modéstia, a humildade e a paz estabelecem um ritmo suave e brando aos movimentos. O Tempo Cronológico é utilizado para pautar as falas de ordem prática e impessoais, como esclarecimentos, informações, endereços, etc.

A Geometria do Tempo

O "fio do tempo" é uma linha virtual que organiza a existência e cataloga os fatos. Se as ocorrências da vida estivessem empilhadas ou desconectadas do fio do tempo, ficaríamos sem parâmetros para pensar. Quando o pensamento se desorienta no tempo, ocorre a senilidade, o enfraquecimento e o envelhecimento do corpo. A psique organiza-se na linha do tempo, que demarca as fronteiras entre a loucura e a sanidade, a imaginação e a realidade, o sonho e a vigília.

Segundo Laban, a geometria do tempo pode ser identificada por meio de linhas espaciais.

O *presente* situa-se no centro do centro, o passado na traseira e o futuro na dianteira do globo espacial.

O *aqui-agora* se expressa fisicamente através dos pés bem plantados ao chão, o corpo voltado para frente, visão circular e abrangente, com o foco no interlocutor.

O passado situa-se nas costas. As lembranças são captadas pela parte traseira, levando o peso do corpo para os calcanhares.

O *passado remoto* situa-se no círculo do desejo, longe e atrás. O *passado recente* situa-se no círculo pessoal, perto e atrás.

O *futuro remoto* projeta o corpo no espaço do desejo, à frente. Quando vislumbramos algo, a visão projeta-se para frente e para a longe.

O que Fazer com as Mãos?

Todos os equívocos e cacoetes de gestual são resolvidos com uma providência muito simples: respirar em cena! Os gestos automáticos são consequência do estado de apneia que trava os movimentos do corpo. As mãos são as primeiras vítimas, porque elas se movem naturalmente, de acordo com o fluxo da expressão... Particularmente, sou contra os clichês utilizados para conter a agonia das mãos, tais como "juntar as mãos no colo", segurar um objeto, colocar as mãos no bolso, etc. O ideal é manter-se sereno, respirar, e deixar que as mãos se movam de acordo com o fluxo da respiração. Observe a simplicidade do gestual das grandes atrizes como Fernanda Montenegro e Glória Pires: elas atuam de forma relaxada, sem rigidez e sem cacoetes, fluindo de acordo com as demandas da cena!

Por outro lado, reconheço que *respirar em cena* é um comando simples, mas extremamente difícil... Para o ator iniciante, é mais fácil nadar até a África e voltar correndo do que simplesmente respirar. Essa é a consequência de uma educação equivocada, que não inclui a consciência corporal e a respiração como disciplinas curriculares. Por conta disso, organizei uma cartilha de gestos visando a uma adequação muito básica do corpo e das mãos em cena. Sugiro que utilizem essa cartilha no início, mas que se desprendam dela quando adquirirem mais treino e confiança. Nesse momento, a cartilha passará a ser uma prisão de gestos criativos que poderão surgir espontaneamente!

Divida sua Partitura de Gestos nos Três Círculos Espaciais

No *espaço pessoal,* gesticule de forma contida, mantendo as mãos próximas ao corpo, na área da cintura. Crie um repertório de gestos e expressões mínimas para compor a cena de forma bem natural. Gesticule com os olhos, levando a visão para longe, para as laterais e para perto. Nunca exagere os movimentos.

Na *quinesfera*, amplie o gestual de braços e mãos, e mantenha o tronco maleável, dançando ao ritmo das emoções. Respire no centro do peito para expressar acolhimento.

No *espaço do desejo*, execute mais ações físicas e estenda o gestual de braços e mãos, mantendo a leveza e a naturalidade.

Evite Fazer o que Fala

Se o texto diz: "Esta bola é grande", evite desenhar uma bola grande com as mãos. Esse recurso torna o discurso infantilizado!

Evite Gesticular Excessivamente, Colorindo Todo o Discurso

Escolha algumas imagens para colorir através dos gestos e mantenha-se neutro nos demais momentos da narrativa. A ausência de gesto, quando feita conscientemente, torna-se um gesto forte...

Evite Manter as Mãos Algemadas

Cuidado com os gestos paralisantes, como enfiar as mãos no bolso, manter os braços cruzados, juntar as mãos atrás do corpo, socar uma mão na outra e até mesmo balançar os braços automaticamente. Não há problema em gesticular dessa maneira por alguns momentos, mas você deve liberar o movimento das mãos em seguida.

Cuidado com o gesto do "dedo em riste"

Apontar o dedo para o parceiro de cena é um vício perigoso, pois o gesto se consolida. Nesses casos, o ator corre o risco de passar uma cena inteira com o dedo em riste!

Evite os cacoetes

Os cacoetes são movimentos repetitivos e involuntários. Quando utilizados na dramaturgia, eles tornam-se bengalas que expressam o nervosismo e a insegurança do ator. Alguns cacoetes são muito utilizados em cena, tais como:

O pêndulo corporal – existem duas maneiras de pendular o corpo: o pêndulo lateral expressa insegurança, enquanto o pêndulo para frente e para trás expressa medo, por vezes está associado a transtornos mentais. O artista iniciante tende a pendular lateralmente em cena, dando a impressão de que está navegando em um barquinho durante uma ressaca! Quando o artista está sentado, o pêndulo é substituído pelo tremor compulsivo das pernas e dos pés!

O pêndulo dos braços – este cacoete engloba uma série de movimentos involuntários de braços e mãos, tais como: socar uma mão na outra, tamborilar os dedos e fazer movimentos repetitivos com um objeto, como bater a ponta da caneta na mesa.

Tremer as pernas na postura sentada, coçar o corpo, balançar a cabeça afirmativa ou negativamente, franzir a sobrancelha, trincar os dentes, arregalar os olhos ou, simplesmente, manter a nuca rígida são cacoetes muito utilizados, principalmente nos vídeos da internet.

Utilize os Gestos Simbólicos com Moderação

Os *gestos simbólicos* contêm uma mensagem clara e identificável, como o gesto de espalmar a mão para comunicar a ordem PARE, e o gesto do OK para dizer *eu concordo*. Utilize esses gestos apenas quando o contexto da cena os requisita. Quando o personagem é um guarda de trânsito e manda parar um carro, está correto fazer o gesto simbólico do Pare! Porém, em outras situações, o gesto torna-se caricato...

As expressões-clichê são igualmente perigosas, pois elas já contêm um forte significado implícito, e tornam-se caricaturas quando utilizadas em cena, como nos seguintes exemplos:

Gesto do telefone para dizer *eu te ligo, me liga*.

Gesto do coração para dizer eu te amo.

Evite a "cara de surpresa": boca aberta, olhos esbugalhados.

Evite a "cara de pensativo": testa franzida, olhos virados, dedo na boca.

Evite a cara "de quem escuta e concorda". Neste caso, a cabeça balança freneticamente no movimento do SIM.

Evite a cara "de quem escuta e discorda". Neste caso, a cabeça pendula no movimento do NÃO.

Evite a "cara de horrorizado": mãos nos ouvidos, boca aberta, olhando para baixo.

Evite a "cara de autorrecriminação": mão na testa, boca aberta, olhando para baixo.

O Comportamento é Gráfico

A forma como ocupamos o espaço e os gestos que utilizamos expressam os traços marcantes de nosso caráter. Entretanto, este comportamento gráfico é construído de modo totalmente inconsciente. De maneira geral, tendemos a repetir a intensidade, o ritmo e a forma dos gestos que utilizamos para comunicar todas as emoções, em qualquer circunstância. Essa repetição monótona nos torna inexpressivos e gera inúmeros ruídos de comunicação. Portanto, é fundamental que o artista desenvolva um raciocínio gráfico para ocupar o tempo-espaço com propriedade!

Sugiro que inicie o treinamento identificando o seu repertório de expressões e movimentos: perceba os círculos espaciais mais utilizados, de que forma, em quais situações. Para corrigir seus gestos, elabore um discurso, grave sua imagem no celular e, posteriormente, assista aos vídeos com este olhar profissional! Além disso, cultive o hábito de assistir a novelas e filmes sem som, como no cinema mudo. Dessa forma, você compreenderá a ação dramática como uma dança espacial.

Chaplin disse que o artista precisa treinar seu olhar para enxergar além daquilo que uma pessoa diz, e perceber *aquilo que ela faz*. Ele afirma que aprendeu a representar observando os gestos e movimentos das pessoas. Chaplin conhecia as variações de humor de sua vizinha pelo modo como ela amarrava suas botinas: quando saía de casa com os cadarços das botinas mal amarrados, era sinal de que estava irritada e atrasada para o trabalho! Esse treinamento do olhar desenvolveu um notável senso de oportunidade cênica que ele emprestou ao genial vagabundo.

Capítulo 4

O Poder da Voz

A voz é o segundo ingrediente da culinária da comunicação. Para que uma mensagem seja assimilada, é preciso que o som da voz e a maneira de pronunciar as palavras sejam agradáveis aos ouvidos do interlocutor.

Saber falar é fundamental, porque a voz é a nossa identidade. Uma voz é como uma impressão digital, já que não há duas iguais: ela caracteriza a idade aproximada, o sexo, as referências socioculturais e transmite dados sobre a personalidade. A forma como utilizamos as palavras revela o nosso caráter e, literalmente, determina o nosso destino. Entretanto, as palavras perderam o seu poder e sua credibilidade na sociedade atual. Pertencemos a uma civilização de Pinóquios que banalizou a mentira para sustentar o consumo desenfreado, e somos bombardeados pela mídia com promessas mirabolantes do tipo: "Venha viver no paraíso" ou "Esculpa a silhueta ideal em cinco dias". Utilizamos um extenso vocabulário de mentiras sociais, como: "Aparece lá em casa"; "A gente se vê"; inclusive criamos termos para o ato de *falar e não dizer nada, como,* "Blá-blá-blá"!

Para comprovar a veracidade de uma fala, é necessário que seja escrita, reconhecida em cartório, com firma autenticada e testemunhas! Por conta desse descrédito, não é de se estranhar que a arte de falar tenha sido excluída do currículo educacional.

A maioria dos adultos mal conhece sua voz, não atenta para a dicção das palavras nem sabe como modular um discurso para torná-lo agradável e comunicativo! Este analfabetismo vocal remonta à infância, quando aprendemos a ler e a escrever sem estabelecer conexões entre palavras, sons e imagens. Fomos amestrados para dizer: "Vovó viu a uva", sem visualizar a vovó nem a uva. Aprendemos a soletrar BÊ, CÊ, DÊ, EFE, mas ignoramos a musicalidade dos sons BBB, CCC, DDD, FFF.

Ora, sem imagens e sem musicalidade, a fala torna-se mecânica e inexpressiva!

Reaprendendo a Falar

Para falar com propriedade, é preciso compreender a linguagem dos sons, que antecede a fala articulada. O alfabeto sonoro é a linguagem dos instintos e constitui a base de comunicação entre todos os animais. O bicho-homem inicia a sua trajetória de vida comunicando-se por meio dessa linguagem essencial. O alfabeto sonoro contém apenas cinco sons puros, mais conhecidos como vogais. Reparem que as primeiras falas do bebê são compostas por vogais e acrescidas de poucas consoantes como MAA, DÁ, PAPÁ.

O Alfabeto Sonoro Contém as Vogais

As vogais são a alma dos sons, por intermédio delas podemos expressar os instintos.

O som AAA significa alívio, abertura, entrega, generosidade, comunicação.

Dizemos: "Aaah, que delícia!"; "Aaah, que bom!".

O som EEE significa constatação da realidade.

Dizemos: "É mesmo?"; "É verdade!".

O som IIII significa contrariedade ou algo que não está previsto.

Dizemos: "Ih! Está chovendo"; "Ih, e agora?".

O som OOO significa maravilhamento, adoração, contemplação.

Dizemos: "Oh", que lindo!".

O som OM é um mantra de meditação, tido como o som primordial do universo.

O som UUU significa loucura, medo, labirinto.

Toda criança diz "UUUH!!!" ao imitar um fantasma, ou quando imita o barulho do vento em um lugar mal-assombrado. Da mesma forma, dizemos "BUUH!" quando queremos assustar alguém.

O primeiro mandamento para falar claramente é pronunciar de modo correto as vogais. Os músculos dos cantos dos lábios, denominados *comissuras labiais*, são os responsáveis pelo desenho correto da boca para articular as vogais.

Para articular o som AAA, as comissuras labiais se abrem. A mandíbula inferior tomba para baixo sem tensão alguma, separando por completo as arcadas dentárias superior e inferior.

Para articular o som EEE, as comissuras labiais estendem-se para as laterais e expandem o som em uma linha horizontal.

Para articular o som IIII, as comissuras labiais elevam-se e desenham um sorriso. Os lábios tomam a forma de uma meia-lua, apontando para cima.

Para articular o som OOO, as comissuras labiais fecham-se, formando um círculo.

Para articular o som UUU, as comissuras labiais juntam-se, desenhando um círculo muito fechado.

Para reorganizar a dicção, observe as formas de seus lábios ao pronunciar as vogais. A maioria das pessoas articula o som AAA indevidamente, pois tem dificuldade em abrir a boca, em razão da rigidez dos maxilares. Nessa postura equivocada, desenhamos o formato do som EEE a cada vez que dizemos AAA, gerando uma voz fanhosa e anasalada!

O Alfabeto Imagético

Na segunda fase de sua maturação, a criança torna-se capaz de articular a fala para nomear aquilo que pensa e sente. Nesse estágio, a criança se comunica por meio de um alfabeto imagético que contém vogais e consoantes. As consoantes fazem a conexão entre as sonoridades das vogais, gerando uma fala articulada.

Observe que as consoantes não contêm o som puro, e necessitam das vogais para que o som seja projetado.

Experimente falar o som ESSE sem as vogais e obterá apenas um ruído sibilante "SSS".

Os ruídos BBB, CCC, quando acoplados às vogais, transformam-se nos sons BA, BE, BI, BO, BU, CA, CE, CI, CO, CU.

No discurso articulado, a voz colore as imagens.

As mensagens que comunicamos são como um desenho animado, composto de imagens e legendado por palavras. Cada imagem possui uma forma, um peso e uma textura que devem ser coloridos pela voz. Um assassino demanda uma voz grave e pesada, enquanto os anjinhos do céu pedem uma voz leve e suave. O tom da voz deve ser suave como uma carícia para dizer "eu te adoro", enquanto "eu te odeio" pede uma voz grave, seca e dura!

A Conexão entre Corpo e Voz

Cada território corporal possui uma voz que lhe corresponde.

A voz grave é emitida pelo território de Base, por intermédio do baixo-ventre.

As expressões de raiva, ódio, paixão, inveja, desespero, sensualidade são ditas na voz que é projetada pela musculatura do baixo-ventre. "Eu te odeio." "Sou louco por você." "Me larga." "Não aguento mais."

A voz grave nomeia imagens de peso pesado:

"Uma tragédia horrível." "Uma jamanta." "Uma árvore gigantesca." "Uma bigorna de ferro."

A voz grave também é utilizada para dar comandos:

"Arrume seu armário!"; "Volte já para casa."

A voz mediana é emitida pelo território de leveza, por meio do peito.

Utilizamos a voz do tórax no tom médio para expressar alegria, ternura, tristeza, mágoa, orgulho, poder, angústia, saudades, dúvida e os demais sentimentos do EU personalidade.

"Por que você fez isso comigo?" "Que bom!" "Quero ficar só." "Estou infeliz." "Eu sou mais eu." "Sei o que estou dizendo."

O tom médio de voz nomeia imagens de peso médio.

"Uma caneta-tinteiro." "Um computador." "Uma bolsa."

A voz do tórax expressa o linguajar corriqueiro, constatações e referências.

"Eu moro na Rua Atibaia, número quatro, apartamento sete." "Vou ao supermercado comprar laranjas."

"Uma média e um cafezinho, por favor." "Onde fica a Rua das Laranjeiras?" "Pois é."

A voz suave é emitida pelo Território de Flutuação, pela cabeça.

Utilizamos a voz leve e fluida, emitida pela cabeça, para expressar amor, humildade, compaixão, bondade, generosidade, modéstia, esperança e paz.

"Eu te amo, meu querido." "Estou muito tranquilo." "A vida é maravilhosa." "Eu só sei que nada sei."

A voz da cabeça nomeia imagens de peso leve:

"Algodão." "Um minúsculo alfinete." "Pontinhos de luz." "Seus lindos olhos azuis."

A Projeção da Voz nos Círculos Espaciais

A voz é projetada nos três círculos de espaço, de acordo com sua intensidade. Em vez de "falar baixinho," projete a voz no espaço pessoal e capriche na dicção para que o som seja claro e audível. O mesmo princípio vale para a voz microfonada, pois falar ao microfone equivale a falar ao pé do ouvido de alguém.

A voz trivial e cotidiana é projetada na quinesfera, preenchendo o círculo em todos os planos e direções.

Em vez de gritar, projete a voz no espaço do desejo, "para fora e para longe" do corpo.

Os Mandamentos da Fala

– Articule as vogais e pronuncie todas as sílabas das palavras.

Na fala corriqueira, tendemos a comer a última sílaba das palavras. Dizemos "caval" em vez de "cavalo", "bob" em vez de "bobo", e assim por diante. Para treinar a dicção, coloque uma caneta entre os dentes e pronuncie todas as sílabas das palavras contidas em seu texto ou discurso. Esse freio entre os dentes nos obriga a mastigar corretamente as vogais.

– Utilize suas três vozes.

Para encontrar o seu tom grave, você não precisa gritar ou abafar sua voz. Respire no baixo-ventre e projete o som.

Para encontrar seu tom leve, você não precisa "esganiçar" a voz. Respire até o topo da cabeça e projete o som com leveza!

O registro vocal mediano é mais fácil, pois equivale à voz que você utiliza normalmente.

Leia em voz alta as frases a seguir, e procure colorir sua fala de forma simples e sem afetações:

Eu fui ao supermercado e trouxe o que você pediu: grampos, sabonete, balde e vassoura.

Aqui a voz deve ajustar-se ao peso das palavras. Repare que grampo é mais leve que sabonete, que é mais leve que balde, que é mais leve que vassoura. Portanto, evite dar o mesmo peso a essas palavras.

Quando te olho nos olhos, parece que a vida foi feita para te olhar.

Utilize a voz suave na frase inteira.

Quando te olho nos olhos, vejo uma pessoa fria e dissimulada.

Essa frase inicia com a voz média e termina com voz grave e seca.

Quando te olho nos olhos, meu corpo esquenta!

Essa frase inicia com voz média e termina com voz sensual e emocionada.

– Projete suas três vozes nos círculos espaciais.

Leias as frases a seguir em voz alta e projete-as para o círculo de espaço correspondente:

Quando te olho nos olhos, meu corpo esquenta! Quando te olho nos olhos, parece que a vida foi feita para te olhar.

Essas frases são ditas pela voz da cabeça, e são projetadas no círculo pessoal, pois há intimidade entre os parceiros.

Quando te olho nos olhos, vejo uma pessoa fria e dissimulada.

Essa frase inicia com a voz média e termina com voz grave e seca. Ambas as vozes são projetadas na quinesfera, pois existe certa distância entre os parceiros.

Some da minha frente!

Voz de comando projetada no espaço do desejo.

– Nunca enfatize pronomes, preposições, informações, números ou palavras que não contenham imagens.

Endereços e informações genéricas são ditos de maneira simples e sem qualquer emoção, utilizando a voz mediana, por exemplo: "Eu moro na Rua Engenho Lobo" ou "Meu nome é Alice Silva."

Não enfatize palavras que não contenham imagens, tais como: "Eu vou para lá"; "Eu sou como você"; "Não sei onde estou". Os termos "para", "como" e "onde" são apenas ligações entre as imagens contidas nas palavras.

Exemplos:

Evite ressaltar as seguintes palavras em negrito: *"O assassino estava **no** bar, tomando **um** cafezinho, quando foi flagrado **pela** polícia"*. Esses termos são apenas uma ligação entre as imagens.

Ressalte as seguintes palavras na leitura: "O **assassino** estava no **bar**, **tomando** um **cafezinho**, quando foi **flagrado** pela **polícia**".

– Fale de modo claro, mas não coloque emoções adicionais ao texto.

Aquele discurso à moda dos antigos políticos, exacerbando cada palavra, é coisa do passado, pois empobrece o discurso em vez de enaltecê-lo. Para não correr o risco de falar com afetação, seja simples, colorindo sutilmente as palavras-chave que deseja enfatizar. Shakespeare ensina: *"Que a discrição te sirva de guia; acomoda o gesto à palavra e a palavra ao gesto, tendo sempre em mira não ultrapassar a modéstia da natureza, porque o exagero é contrário aos propósitos da representação" (Hamlet,* ato 2, cena 3*)*.

– Mantenha a postura correta.

O som nasce no abdômen e ascende à boca por meio do diafragma, passando pela traqueia e pelo laringe.

Os músculos dos cantos dos lábios, são como as rédeas da boca. Eles desenham o formato da boca para articular as vogais. Observe que a musculatura das comissuras labiais é totalmente independente da musculatura do pescoço; tendemos a impulsionar a musculatura dos cantos dos lábios por intermédio de uma força descomunal nos maxilares e nos músculos do pescoço, que chegam a saltar! Para evitar essa tensão equivocada, é imprescindível manter a postura ereta. Qualquer desalinhamento postural provoca uma tensão equivocada na mandíbula e na região cervical que, por sua vez, dificulta a correta articulação das vogais. Além disso, qualquer incorreção na arcada dentária e na mastigação dificulta os movimentos da língua, que é o músculo mais poderoso do corpo. Esse músculo malabarista desenha uma forma diferente para cada som que pronunciamos.

Para avaliar as condições estruturais do aparelho fonador e da dentição é aconselhável consultar o fonoaudiólogo e o dentista, a fim de dar suporte ao processo de expressão vocal.

– Certifique-se de que a matéria-prima seja de boa qualidade.

Muitos artistas se arvoram na arte de interpretar sem o equipamento corporal e vocal básico, o que os impede de atingir a excelência. Os capítulos anteriores, bem como o livro *Corpo Quântico*, já citado, são preparatórios para o ator, e precisam ser bem assimilados para prosseguir nesta metodologia.

BLOCO 2
A DRAMATURGIA DO CORPO

    A Dramaturgia Corporal é um caminho para interpretar por meio da conexão entre o físico e a psique. Assim como a música, a ação dramática pode ser demarcada em uma partitura emocional. O corpo é o instrumento que contém as teclas para tocar os acordes, e o ator é o maestro da sinfonia da interpretação.

O Jogo do Faz de Conta

Apesar de toda a inovação tecnológica, a essência da representação é milenar e acontece desde que o mundo é mundo. Marlon Brando disse que *a representação é tão velha quanto a prostituição, e que sem ela não sairíamos de casa para comprar pão na esquina!* Representamos desde o dia em que nascemos, porque temos a capacidade de acreditar nos personagens que inventamos. Utilizamos o poder hipnótico do autoconvencimento para convencer e criamos ilusões compartilhadas. Essa é a base dos sistemas de crenças que regem a vida em sociedade!

No *jogo do faz de conta* há um pacto implícito entre os jogadores: "Eu finjo que sou, e você finge que acredita". Esse instinto de teatralidade é um divisor de águas entre o homem e o animal, pois somente o bicho-homem entende a simulação. Entretanto, o jogo do faz de conta intuitivo é diferente da arte do faz de conta consciente. Na arte da representação, firma-se um pacto explícito entre os jogadores: "Eu sei *fingir que sou, e você sabe fingir que acredita*". Esse jogo requer total domínio do corpo, da voz e da expressão, e seus jogadores são os profissionais da ilusão, aqueles que sabem mentir com verdade!

Os Princípios da Arte do "Faz de Conta"

Toda ação realizada sem automatismo é uma forma de arte. Decorar a casa ou adornar um vaso de flores são experiências artísticas que nos elevam. Neste estado de consciência, estamos de corpo e alma no aqui-agora, e podemos revisar cada detalhe da ação para obter excelência. Essa mistura de espontaneidade, aliada a uma metodologia técnica, também ocorre na arte da representação: o bom ator age espontaneamente no aqui e no agora, ao mesmo tempo que observa cada detalhe de sua atuação. Entretanto, o esforço para obter domínio de si mesmo e da cena *deve ficar invisível aos olhos do público*, pois o esforço quebra o feitiço cênico.

Em uma luta de boxe, o público vê o lutador sendo reanimado durante os intervalos entre os *rounds*. Porém, seria inconcebível assistir a um balé em que a solista é transportada para fora da cena em uma maca. Mesmo que seus pés sangrem dentro das sapatilhas, a bailarina dança como se estivesse nas nuvens!

A arte do faz de conta também demanda uma preparação muito exigente, que resulta em uma interpretação fluida e natural. A boa interpretação é como uma cirurgia plástica bem-feita e que ninguém percebe. A aparência de frescor e juventude não denota que a pessoa foi submetida a um processo cirúrgico delicado, pois o resultado é muito "natural".

A Arte da Representação Não é uma Imitação da Realidade

O propósito da arte da representação é maior do que simplesmente copiar a realidade. Quem deseja observar um rinoceronte real vai ao zoológico e não ao teatro. O rinoceronte do teatro, tema da peça de Ionesco, vem de outro lugar: ele se inspira no animal real, mas possui características que lhe conferem uma densidade trágica, patética, heroica. O rinoceronte teatralizado personifica a besta para criticar a brutalização das relações sociais e a bestificação do homem. O propósito da arte do faz de conta é representar a tragicomédia humana com visão crítica. Essa construção elaborada parece vida real, mas é arte!

Shakespeare afirmou que o *"propósito da representação sempre foi e continuará sendo apresentar um espelho à natureza, mostrar à virtude suas próprias feições, à ignomínia sua imagem e ao corpo e idade do tempo, a impressão de suas formas". (Hamlet, ato III, cena II).*

Efetivamente, "apresentar um espelho à natureza" não significa copiar a natureza. Quem copia apresenta um ponto de vista fechado e concluído. Quem *apresenta um espelho* abre perspectivas, gerando uma infinidade de leituras para um mesmo fato. Esse processo torna-se mais rico e generoso para com o espectador!

Trocando em miúdos, voltemos a Chaplin, na clássica cena em que o vagabundo come a sola do sapato. Chaplin foi além da imitação de um mendigo esfomeado, e pinçou detalhes que o tornam trágico e patético. O momento em que o vagabundo enrola o cadarço da bota como se fosse uma deliciosa macarronada provoca risos e lágrimas. Ao encenar um mendigo que age como um príncipe ao degustar um banquete em seu palácio, Chaplin faz uma crítica mordaz ao processo de industrialização de sua época! Ele compõe seu personagem a partir de referências simples e universais que tocam o coração de qualquer pessoa, independentemente de idade, credo e nacionalidade.

Não Há "Emoções Introjetadas" na Arte da Representação

Na vida real, somos invadidos pelas emoções: ninguém escolhe a hora de sentir alegria, tristeza, angústia ou medo. Ficamos totalmente envolvidos pelos nossos sentimentos, até porque não temos a pretensão de sermos legíveis para um observador que nos espreita. Entretanto, a emoção cênica se expressa para fora e da maneira mais cristalina possível, na direção de um público que nos assiste. A arte é triangular, porque inclui o ponto de vista do observador!

É muito fácil compreender a diferença entre *sentir para dentro* e *expressar para fora*. Tomemos como exemplo a preparação artística para interpretar Medeia, a personagem que mata seus próprios filhos para vingar-se do marido que a traiu. Qual seria o laboratório recomendado para encarnar essa personagem? Assassinar crianças para reter a memória afetiva da cena? Trazer emoções para dentro do coração é doloroso e cansativo: como representar a tragédia dessa forma por noites a fio, sem adoecer ao final da temporada?

A interpretação calcada em referências pessoais conduz à introjeção, que é o processo oposto à expressão. Digamos que o ator venha a repetir uma cena inúmeras vezes, como ocorre no cinema e na TV: como poderia sustentar a mesma dose de emoção e repetir o mesmo gestual quando está completamente envolvido com o sentimento, como na vida real? O ator ficaria emocionadíssimo em algumas tomadas, em outras ficaria mais frio e poderia importar emoções que não se adaptam ao contexto da cena. Imaginem uma atriz que interpreta uma secretária, já tendo exercido essa profissão na vida real. Digamos que o tom da personagem seja cômico, mas a experiência vivida foi dolorosa. Neste caso, o arquivo pessoal da atriz comprometeria a cena, pois as lembranças dolorosas seriam acionadas, alterando o tom cômico da personagem!

A "interpretação introjetada" é equivocada como processo artístico até mesmo no realismo-naturalista. Muitos confundem uma interpretação naturalista com o famoso chavão: "Entre em cena e seja você mesmo!"

Entretanto, é preciso acrescentar: "Seja você mesmo em seus melhores momentos", porque o público não quer ver os tiques nervosos, cacoetes e manias que utilizamos displicentemente na expressão cotidiana!

Até mesmo na vida real, nós camuflamos os defeitos e inconscientemente escolhemos o que revelar para o outro. Portanto, aquilo que chamamos de naturalismo cênico não passa de mais uma construção a ser elaborada pelo ator.

A Arte da Representação é Física

Fala-se muito em métodos físicos de representação, embora o termo seja redundante. Vivemos em um mundo material, onde tudo é corpóreo, desde o simples ato de escovar os dentes até o ato de representar. Portanto não há "representação psicológica", desvinculada do suporte muscular. Tanto na vida real como na cena, as emoções são corporificadas e depois verbalizadas. Primeiro a emoção invade o corpo, depois é interpretada pela razão e por fim se expressa por meio da fala. Existe um intervalo mínimo entre a ação física e a verbalização da experiência, mesmo que este hiato de tempo seja imperceptível: primeiro eu soco a mesa, depois digo basta!

Partindo dessa premissa, vamos elaborar um método para deflagrar os afetos por intermédio do corpo!

A Fogueira da Interpretação

O filósofo Walter Benjamim define arte como uma mistura entre um elemento material que suporta um elemento imaterial. Benjamin compara a arte com a imagem de uma fogueira: quando a lenha está empilhada corretamente, o fogo se expande. Na arte da representação, a lenha equivale à técnica, enquanto o fogo equivale à fé cênica. Quanto mais apurada a técnica, maior a credibilidade cênica.

Sobre o Fogo

A fé inata é o fogo que impulsiona a representação. Por meio da fé, podemos viver outras vidas, em outros corpos, "fingindo que somos" príncipes, astronautas, sapos, eletricistas ou ditadores. Além disso, a fé nos faz acreditar que somos esses personagens, enquanto dura o ato da representação. O pacto entre os jogadores do jogo do faz de conta é um ato de fé coletiva: eu tenho fé para fingir que sou, e você tem fé para fingir que acredita! O público também participa desse pacto, pois ele finge que a partida é verdadeira! Tomemos como exemplo um "filme-catástrofe", no momento em que a onda gigante varre a cidade. O que aconteceria se os espectadores abandonassem o cinema, pedindo o dinheiro da entrada de volta, porque estão secos e salvos, pois, não houve um *tsunami* de verdade? Quando o público perde a fé e deixa de fingir que acredita, o jogo acaba! Por isso, é fundamental que o ator seja generoso com quem lhe assiste! É impossível representar de forma autorreferente e vaidosa, pois isto apaga o fogo da plateia e quebra o encanto do faz de conta!

Sobre a Lenha

No jogo consciente do *faz de conta*, há dois papéis a representar: no primeiro, o ator veste a pele do personagem; no segundo, o ator conta a história do personagem. Tomemos como exemplo a cena de um assassinato, em que há um corpo estendido no chão. Se optar por vestir a pele do personagem, o corpo do ator é o próprio corpo estendido no chão... Já o contador da história observa o corpo estendido no chão e diz: "Este homem foi morto a tiros há poucos momentos".

Nos momentos narrativos há muita ênfase na expressão verbal. O contador da história deve visualizar todas as imagens contidas no texto, para colori-las com a voz. Quanto mais nítidas e detalhadas estiverem as imagens, melhor será a narrativa, como no seguinte exemplo: *"Era uma vez uma menina que se chamava Chapeuzinho Vermelho, ela andava pela estrada do bosque rumo à casa da vovó, quando apareceu o lobo mau!"*. O narrador não é um personagem neutro, pois ele também se emociona com o desenrolar dos acontecimentos. Ele sente ternura pela Chapeuzinho e se preocupa com a chegada do lobo. Essas emoções são pinceladas no corpo do narrador!

Os momentos corpóreos propriamente ditos ocorrem quando o personagem toma posse do corpo do ator. Em vez de contar a história, o ator torna-se a própria Chapeuzinho Vermelho, e a narrativa se desenrola por meio das ações!

Chapeuzinho: *"Pela estrada afora eu vou tão sozinha, vou levar os doces para a vovozinha. Ela mora longe do outro lado da floresta... (ouve passos) – Quem está aí? Tem alguém atrás das árvores? Meu Deus!" É o lobo mau!"*

Os textos encenados contêm momentos corpóreos e narrativos, e a técnica consiste em perceber essas variações para expressá-las de maneira adequada. Qualquer texto pode ser encenado de acordo com este princípio, desde *Chapeuzinho Vermelho* até Shakespeare!

O Contador de Histórias

Reza a lenda que a princesa Sherazade foi a primeira contadora de histórias: ela inventou a novela em capítulos ao passar mil e uma noites contando histórias para o sultão do seu reino. Ele casava-se todos os dias com uma virgem para matá-la no dia seguinte. Quando chegou sua vez de se casar com o déspota, Sherazade contou-lhe uma história por noite, deixando o sultão ansioso pela continuidade na noite seguinte. O sultão até consentiu que ela trouxesse Dunyazade, sua irmã menor, para adormecer embalada pelas suas histórias... E assim passaram-se mil e uma noites!

Quem são as Sherazades da atualidade? São os narradores de histórias, como os professores, os locutores, os palestrantes, os internautas, os entrevistadores. Os sultões são aqueles que interagem ou contracenam com Sherazade, como os entrevistados e os alunos. Dunyazade é o público, aquele que assiste o evento.

Atualmente, a *contação de histórias* acontece de maneira oral, escrita, impressa, eletrônica, audiovisual, e toma a forma de livros, filmes, artigos, palestras e novelas. Entretanto, a essência da narrativa permanece: sempre haverá uma Sherazade que contracena com o sultão, sendo assistida por Dunyazade!

O Ator

O termo ator significa *aquele que age,* porque o ator vive a história por meio do próprio corpo. O processo de encarnar, ou *entrar na carne de um personagem*, pode ser comparado a um transe mediúnico, em que o médium permite que outro ser tome posse de seu veículo. Dessa forma, o ator age como o personagem agiria. Entretanto, e por mais contraditório que possa parecer, a possessão artística é um processo consciente. Mesmo possuído, o ator mantém o domínio absoluto da cena, e revela apenas os ângulos mais oportunos do personagem. Ele age como o personagem *de acordo com as demandas do texto e para servir a uma finalidade específica!* O ator Chaplin está possuído pelo corpo do vagabundo, através de seu andar característico e de sua bengala girando no ar. Porém, esse corpo possuído está a serviço de uma meta totalmente consciente: Chaplin escolhe mostrar determinadas ações do vagabundo para delatar a miséria da classe operária! Na verdade, a interpretação corpórea oscila entre abandonar-se para ser possuído pelo personagem e manter-se no domínio da cena para fomentar consciência crítica em relação ao personagem. Encontrar esse ponto de cozimento é o pulo do gato na arte da interpretação!

O Intérprete

É importante observar que o texto encenado é dirigido para alguém que lhe assiste. O público joga ativamente, e cabe a ele o papel de interpretar a partida do faz de conta. O termo *interpretar* significa "explicar o que é obscuro, atribuir significados e ajuizar bem ou mal a uma determinada intenção". Portanto, é o público que interpreta, julga, critica, explica e gosta ou desgosta da partida! Já o ator precisa ter a modéstia de entrar em cena apenas para representar, *mas sem interpretar*. O ator que respeita essa demarcação torna-se um craque!!

A Contação de Histórias

Uma boa história pode ser contada de três formas: lírica, épica ou dramática. Qualquer romance, conto, novela ou texto pode ser classificado nessas categorias.

O texto lírico fala exclusivamente do mundo interno do personagem e utiliza uma linguagem difusa, sem preocupação com a lógica, a linearidade e a verossimilhança. No lirismo, há poucas ou nenhuma indicação sobre a trama, os personagens e o tempo-espaço que habitam. O lirismo é o campo da subjetividade e da poesia: *"Ela acordou com o mar nos olhos e lembrou-se de seu primeiro amor. Jamais pensava nele, mas estremeceu com a lembrança de seus olhos verdes iguais à cor daquele mar".*

O texto épico é uma saga contada por um narrador que observa o desenrolar da história. Na epopeia, existem indicações mais precisas sobre o tempo-espaço, as circunstâncias que envolvem a trama, as características e os desejos de cada personagem: "*Laura despertou às 8 da manhã, abriu a cortina da janela para ver o mar e lembrou-se dos olhos verdes de Rodolfo, que eram da cor daquele mar! Laura disse para Ana que a lembrança de seu primeiro amor a fez estremecer*".

No texto dramático, existe uma ação que acontece num lugar preciso do espaço. A trama se desenrola no momento presente, por meio de ações dos personagens.

Recepcionista do hotel: "*Bom dia, são oito horas da manhã.*"

Laura: "*Obrigada! (Laura levanta-se da cama, vai até a janela e abre a cortina).*"

Laura: "*Que mar bonito!! Este mar é da cor dos olhos de Rodolfo... Aliás, faz muito tempo que não penso nele.*"

Ana: "*Você nunca fala dele!*"

Laura: "*Rodolfo foi meu primeiro amor! Quando ele me olhava, parecia que o mar entrava dentro dos meus olhos.*"

Podemos dizer, a *grosso modo*, que os textos líricos e épicos são interpretados através da habilidade da narrativa, enquanto o texto dramático demanda a habilidade da corporificação. Entretanto, existem passagens de ação no lirismo-épico, assim como há momentos narrativos e líricos no texto dramatúrgico. Cabe ao ator "decupar" o texto para perceber suas variações e definir a maneira mais adequada para representar cada passagem!

O Reino da Palavra

Nos textos essencialmente líricos ou épicos, a palavra conduz a interpretação. A chave para encená-los consiste em captar o espírito das palavras e reproduzi-lo por meio da voz. As palavras possuem certo magnetismo que deve ser colorido através das três vozes: a voz do território de base, a voz do território de leveza e a voz do território de flutuação. A palavra alma possui um magnetismo diferente da palavra tijolo; *alma* requer uma voz suave, enquanto *tijolo* pede um tom mais denso e impessoal. Quando respeitamos o espírito das palavras, as imagens contidas no texto ficam claras e legíveis ao interlocutor!

O espírito das palavras pode variar segundo o contexto da frase. Tomemos o exemplo da palavra cadeira, nas seguintes sentenças:

Quanto custa esta cadeira? Esta cadeira é um objeto inanimado que se verbaliza por intermédio de uma voz neutra.

Esta cadeira era a preferida de meu avô querido. Esta cadeira está carregada de afeto, que se verbaliza por meio de uma voz terna e macia.

Os textos descritivos são interpretados através da visualização das imagens: "Da minha janela vejo edifícios enormes, e vejo pessoas circulando pelas avenidas como se fossem miniaturas. Da minha janela, o mundo parece estar certo. Tudo se move precisamente como um relógio suíço".

A primeira frase do texto demanda a visualização dos espaços para imprimir distâncias, profundidades e tamanhos através da voz. Nas frases seguintes, a voz deve expressar o espírito melancólico da narrativa.

O Ritmo é o Maestro da Comunicação

O ritmo é o grande orquestrador da narrativa. Um discurso interessante contém diversos andamentos, que são pontuados por silêncios e sons. Os silêncios das pausas são essenciais para emitir, receber e assimilar uma mensagem.

Cada sentença possui uma cadência rítmica que se expressa pela voz.

Estou com muita preguiça demanda uma fala doce e pausada.

Já a frase: *Fuja enquanto é tempo!* demanda uma fala imperativa e apressada.

A pausa configura uma troca de emoções ou de imagens no texto, sendo utilizada para respirar.

Estava muito angustiada e tive insônia na noite passada (pause, respire), mas depois que João chegou, eu relaxei e adormeci. Repare que a pausa separa dois momentos emocionais: a narradora vai da angústia ao relaxamento.

Antigamente esta praia era limpa e a areia era branquinha (pause, respire), mas hoje, parece um depósito de lixo!

A pausa separa duas imagens distintas e nos remete a emoções diferentes.

A Preparação de um Texto Narrativo

Vamos ensaiar um pequeno texto, narrativo, elaborando os passos para comunicá-lo com excelência. Tomemos como exemplo um parágrafo do clássico *Chapeuzinho Vermelho*.

Era uma vez uma linda menina, chamada Chapeuzinho Vermelho. Ela andava por uma estrada no bosque rumo à casa da vovó, quando, de repente... apareceu um lobo na sua frente!

Quem é você?, perguntou a menina. E o lobo respondeu: Eu sou o Lobo Mau!

Visualize todas as imagens contidas na narrativa.

Já dissemos que as imagens são a gasolina do cérebro e que um texto é uma sequência de imagens. Portanto, *leia e releia o texto em voz alta* para registrar todas as imagens de forma bem detalhada em sua mente.

Visualize frase por frase:

Era uma vez uma linda menina, chamada Chapeuzinho Vermelho.

Veja a menina desde a cabeça até os pés. Como é o seu cabelo? Está solto ou preso? Tem algum enfeite na cabeça? Qual é a cor dos seus olhos? Ela sorri? Como está vestida? Como se move? Examine seus braços e mãos, suas pernas, seus sapatos e meias.

Ela andava por uma estrada no bosque rumo à casa da vovó.

Como é a estrada do bosque? Tem árvores? Tem folhas no chão? É uma estrada curva ou reta? É larga ou estreita? Como é a luminosidade? Que horas seriam aproximadamente? A casa da vovó está próxima? Está longe? Como é a fachada da casa da vovó? Visualize a vovó desde os pés até a cabeça, nos mínimos detalhes.

Quando, de repente... apareceu um lobo na sua frente!

Visualize o lobo nos mínimos detalhes, desde os pés até a cabeça.

Aproveite o trabalho de visualização para decorar o texto como uma Ave-Maria.

Na hora de enfrentar uma plateia, é fundamental que o texto esteja na ponta da língua para evitar um possível branco na memória. Só os veteranos têm jogo de cintura para remediar esses lapsos com categoria!

Decorar um texto é colocar legendas nas imagens, exatamente como um filme legendado. Repare que as imagens são necessárias até para memorizar as palavras. Quando decoramos apenas o texto, tendemos a recitá-lo como um papagaio.

Articule as vogais, verbalize todas as sílabas das palavras, projete a voz.

Realize essas verificações enquanto lê e relê o texto em voz alta. Para projetar o som, visualize a plateia e envolva os espectadores com a sua voz. Certifique-se de que todos possam ouvi-lo claramente.

Busque colorir a narrativa utilizando as três vozes.

Era uma vez uma linda menina, chamada Chapeuzinho Vermelho. Ela andava por uma estrada no bosque rumo à casa da vovó.

A voz mediana é apropriada para apresentar a personagem e o cenário. Procure colorir sutilmente as palavras, mantendo o registro médio: observe que *linda menina* é mais leve do que *estrada no bosque*.

Quando, de repente... apareceu um lobo na sua frente!

Utilize a voz grave para *um lobo na sua frente*.

Configure as pausas da narrativa.

Quando enfrentamos uma plateia, tendemos a perder o compasso da narrativa por conta do nervosismo e podemos cometer dois equívocos: o primeiro consiste em correr demais, atropelando uma frase na outra. O segundo consiste em ralentar demais, deixando um grande vazio entre as frases.

Existe um recurso simples para avaliar o momento de pausar e o tempo correto de cada pausa.

Diga o texto ao telefone, visualizando o interlocutor na escuta. Na conversa telefônica, o interlocutor murmura *hum* ou *hum hum* enquanto você fala. Quando esse murmúrio não acontece, dizemos: "Alô? Está me ouvindo?" Esses sons afirmativos significam literalmente: "compreendo, siga em frente!" Portanto, aguarde que o seu interlocutor imaginário diga *hum* ou *hum hum,* antes de prosseguir a narrativa.

Era uma vez uma linda menina, chamada Chapeuzinho Vermelho.

Interlocutor: *hum.*

Ela andava por uma estrada no bosque rumo à casa da vovó.

Interlocutor: *hum.*

Quando, de repente...

Interlocutor: *hum.*

Apareceu um lobo na sua frente!

Interlocutor: *hum hum.*

Observe que o som *hum* equivale à pausa breve e significa: "prossiga". Já o termo *hum hum* equivale à pausa maior e significa: "Assunto compreendido e finalizado".

Utilize os silêncios como brechas para o movimento.

Nos momentos do *hum hum* (a pausa grande), você aproveita para andar, sentar, cruzar as pernas, ou mesmo para colocar os óculos, beber água ou virar a página do texto.

Capítulo 8

Um Modelo de Apresentação Profissional

Podemos utilizar o modelo *Chapeuzinho Vermelho* para elaborar qualquer narrativa, como uma apresentação pessoal, uma palestra, uma aula pública ou simplesmente para tornar seu discurso mais carismático.

Um texto didático pode ser dividido em três blocos: apresentação, explicação do conteúdo e finalização.

Apresentação: *Olá, sejam bem-vindos! Meu nome é Maria Tavares, sou analista de sistemas da empresa Elmo e quero explicar para vocês o nosso sistema de gerenciamento de informações.*

Explicação do conteúdo: *A Elmo desenvolveu uma tecnologia de ponta, e seus produtos têm obtido grande sucesso no mercado. Está comprovado que um sistema de informações eficiente contribui para aumentar o desempenho, a agilidade e a produtividade no trabalho. Nossas soluções destacam-se por sua excelência tecnológica e alta eficiência. Acompanhem no telão os detalhes de cada produto inovador da Elmo.*

(Entra filme no telão)

Finalização: *Obrigada pela atenção, quero convidá-los para um lanche, onde eu e minha equipe estaremos à disposição* *para maiores informações e para responder às suas dúvidas. Bom dia para todos!*

A *apresentação* é o momento de ganhar o público mediante sua atitude, porque a primeira imagem é a que fica. No momento de entrar em cena, respire, plante os pés no chão, mantenha-se na postura correta, mãos livres e braços soltos.

Uma dica muito importante: visualize a sua quinesfera, envolva-se na bola de energia que circunda o corpo e sinta-se tranquilo e seguro dentro dela. Dessa forma, você passará credibilidade e carisma!

O texto da apresentação deve ser dito de forma clara, caprichando na projeção da voz e na articulação das vogais. Projete a voz em um grande círculo que envolve toda a plateia. Coloque afeto no seu tom de voz e no modo como se dirige às pessoas, mas tome cuidado para não se tornar meloso demais! Muitos confundem a expressão afetuosa com a infantilização do discurso por meio de clichês da oratória infantil, como: colorir demasiadamente a voz, subir aos tons agudos, arregalar os olhos e balançar a cabeça numa atitude de "criança feliz", alongar a pronúncia das vogais, como: "Oláaaa! Sejam todos bem-vindoooos!".

A *explicação do conteúdo* depende das suas habilidades vocais, do seu gestual e do ritmo da narrativa. Procure colorir o discurso com as três vozes, adequando-as ao contexto. **"Está comprovado que um sistema de informações eficiente contribui para aumentar o desempenho, a agilidade e a produtividade no trabalho"** – para dar vida a essa sentença, pronuncie as palavras *desempenho, agilidade* e *produtividade* com tonalidades distintas. Siga este modelo para colorir o miolo do texto explicativo, evitando a monotonia do discurso!

Evite os clichês de gestual como o dedinho em riste, meter uma mão no bolso, pendular, balançar a cabeça, e gestos repetitivos, como tremer as pernas na postura sentada e bater a ponta da caneta na mesa! Por fim, evite "aquelas coceiras nervosas" que nos assolam quando estamos expostos ao público!

Lembre-se de pausar o discurso e certifique-se de que os momentos do *hum* e do *hum hum* estejam nos lugares apropriados: **"Está comprovado que um sistema de informações eficiente contribui para aumentar o desempenho (hum), a agilidade (hum) e a produtividade no trabalho" (hum hum).**

Cuidado com o cacoete utilizado para pontuar os momentos de pausa, que consiste em verbalizar o som *Ehh!*, como no exemplo: "Ehhh, está comprovado que um sistema de informações eficiente *ehhh* contribui *ehhh* para aumentar o desempenho, *ehhh* a agilidade *ehhh* e a produtividade no trabalho".

Para piorar a situação, repare que ao dizer *Ehhh*, viramos os olhos para cima e ficamos com cara de assombração!

A *finalização* de uma apresentação se resolve no charme: se você dominou a plateia nos momentos anteriores, agora vai colher os frutos. O brilho de aprovação nos olhos do público é um sinal verde que permite uma descontração maior de sua parte. Nessa hora, cabe humor e simpatia, sorrisos largos e gestos maiores. Se a plateia estiver desmotivada e apática, é sinal de que as pessoas não foram cativadas nos estágios anteriores! Nesse caso, improvise um pequeno discurso de agradecimento e compartilhe suas limitações com o público, porque as pessoas ficam muito cativadas pela modéstia! *"Obrigada pela atenção, desculpem a minha timidez e a minha falta de jeito para me expor ao público! Agora teremos um coffee break, onde poderemos nos conhecer melhor, e tenho certeza de que poderei responder às dúvidas e discutir todos os detalhes que forem necessários com vocês! Bom dia, muito obrigada."*

Capítulo 9

Mentindo com Verdade

A única maneira de convencer o outro de nossas verdades é acreditando nelas! Para acreditar, precisamos vivenciar a experiência. Quando os músculos não vivenciaram o fato, as palavras soam falsas e inexpressivas. Portanto, para mentir com verdade, é necessário que o corpo acredite naquilo que vivenciamos! Essa regra é válida inclusive para os textos líricos e épicos, em que a corporificação do narrador é mais sutil do que uma possessão propriamente dita. O narrador tem empatia pelo personagem e demonstra suas emoções por meio de atitudes físicas que são pinceladas sutilmente no corpo. Entretanto, ele não chega a vestir a pele do personagem, como no texto dramatúrgico.

Digamos que um ator venha a interpretar uma paródia cômica, simulando um noticiário. A cena é absolutamente despojada de adereços, cenário e figurino. O ator entra em cena, encara a plateia e diz:

Senhoras e senhores, cheguei ao planeta Marte e desejo informar a todos vocês que minha viagem foi bem-sucedida! Acabo de sair da nave espacial e vim dar uma olhadinha nas redondezas. Já deu para perceber que o céu é avermelhado e tem muito buraco no chão. Ainda não vi nenhum marciano, espero que ninguém apareça, senão eu vou morrer de susto! Pessoal, preciso voltar para a nave, porque está começando uma tempestade de areia vermelha! Por hoje é só, depois eu conto mais, boa noite!

Como interpretar esta pequena comédia?

A primeira providência é criar uma ilusão palpável, para que meu corpo acredite que estou em Marte. Eu visualizo o ambiente nos mínimos detalhes, dando profundidades, texturas e coloridos à minha criação. Essas imagens vão contextualizar a minha partitura de gestos, de olhares e de vozes. Digamos que minha nave se encontra no espaço do desejo atrás de mim. Ao meu lado esquerdo, na quinesfera, existe uma grande cratera e há um buraco no espaço pessoal bem na minha frente. O horizonte vermelho paira acima da plateia e, no fundo do teatro, o céu vermelho encontra-se com o mar cor-de-rosa, formando a linha do horizonte marciano!

Posso informar aos músculos que estou caminhando em um chão esburacado como um queijo, e posso treinar um jeito de andar meio desajeitado para me esquivar dos buracos! A tempestade de areia vermelha é muito barulhenta, lembrando a sirene do corpo de bombeiros. O ar de Marte é levemente perfumado com um aroma que mistura canela e cedro!

Agora meu corpo está situado no tempo-espaço, por meio de referências visuais, táteis, sonoras, olfativas. Esse processo de imaginação torna os atos e as falas bem realistas e inseridos dentro do contexto, e a cena pode ser representada com fluidez!

É interessante observar que o corpo não sabe discriminar o que é fantasia e o que é realidade. Por conta disso, a visualização criativa e a autossugestão, quando bem aplicadas, produzem milagres cênicos!

A Emoção do Narrador

A técnica da autossugestão física e da visualização do espaço deve ser aplicada em qualquer texto, entretanto, nos textos épicos e líricos há pouca ou nenhuma indicação de tempo-espaço, como no seguinte exemplo:

"João está predisposto a elucidar o contratempo criado entre seus irmãos." Esse texto é indecifrável, pois o corpo não decodifica abstrações. É preciso simplificar este conteúdo, identificando os sentimentos palpáveis contidos no texto: *"João está preocupado, e provavelmente angustiado e triste"*. Agora, o texto pode ser interpretado de forma bem natural, porque o corpo sabe expressar angústia, tristeza e incerteza.

"Era tudo ou nada naquele momento absoluto. Estava decidido: eu o teria todo para mim, ou partiria para enfrentar o desconhecido em outro mundo, outro país, outra cidade, com uma nova cara!"

Nesse caso, torna-se necessária uma tabela de conversão do lirismo ao popular, para que o ator entenda o significado dessas palavras e crie empatia com elas. Quais são os desejos da personagem? O que a aflige?

Vou descrever esta cena com palavras simples: *"Chega! Cansei! Agora é tudo ou nada, ou fico com ele, ou enfrento a situação e vou embora para recomeçar minha vida em outro lugar!"*.

Dessa forma, eu me aproprio do significado e das emoções contidas nas palavras. Uma vez que o cérebro registrou estes elementos, posso voltar ao "texto sofisticado" para representá-lo com propriedade!

Aja nas Pausas

Quando agimos e falamos ao mesmo tempo, nossa imagem fica desorganizada para quem nos assiste. Portanto, aja nas pausas do texto, jamais durante a narrativa. Dessa forma, a cena fica impactante, pois o gesto ajuda a reforçar a palavra e vice-versa!

Por exemplo, vamos representar uma cena que contém as seguintes ações físicas: *o personagem* abre a porta da casa, entra na sala, guarda a chave na mesinha, tira o paletó e senta-se no sofá.

O texto do personagem é: *"Não aguento mais esperar, você tem que tomar uma atitude AGORA!"*.

Vamos dividir as ações e as falar em um fluxo organizado:

Ação – O personagem abre a porta da casa, entra na sala.

Texto – *"Não aguento mais esperar."*

Ação – Guarda a chave na mesinha.

Texto – *"Você tem que tomar uma atitude."*

Ação – Tira o paletó.

Texto – *"AGORA."*

Ação – Senta-se no sofá.

Vivências práticas

Elabore uma cena através da demarcação dos gestos e das falas:

"Amor, olha essa sacola fantástica que eu ganhei (***mostra a sacola***); cabe tudo nela! (***retira cada item***) Maquiagem, creme, carteira... Amor, o que houve? Você está pálido, quer uma aspirina? Olha, tenho uma caixinha de remédios aqui! (***retira a caixa de remédios***). Nossa, mas que cara feia, quer uma balinha? (***mostra a bala***). Tenho biscoito (***retira o biscoito***) e tenho barrinha de cereais (***retira a barrinha de cereais***). Amor, responde, você está chateado comigo? Se quiser conversar não tem problema (***recoloca alguns itens na sacola***), eu guardo tudo de volta na bolsa (***recoloca os itens restantes***) e te mostro depois! tá bom? (***fecha a sacola***)".

Essa conjugação entre o gestual e as falas vai "esquentando" a cena e imprime o humor que o texto requer!

Elabore um Texto Épico, com Bastante Densidade Emocional

Este depoimento é narrado na primeira pessoa, ou seja: o personagem é o próprio narrador. A cena contém momentos descritivos que demandam uma boa inflexão de voz, e momentos emocionais que devem ser pincelados no corpo e pedem uma voz embargada pelas emoções. Para facilitar sua composição de cena, divida o texto em duas colunas distintas: as frases em negrito pedem mais emoção (corpórea), enquanto as frases descritivas (em itálico) pedem maior visualização da narrativa:

"*Olá, eu sou João Oliveira, estou aqui para contar a minha história, e sei que muitos vivem o mesmo* **drama** *que passei.*

Há cinco anos fui acusado e preso injustamente por ter participado de um assalto. *Na verdade, eu caminhava pela rua no mesmo momento e local do assalto, e uma pessoa* **me apontou**

como participante da quadrilha. Sou pobre, não tive condições de pagar um bom advogado para me defender e fui condenado.

Passei **três anos na cadeia**, *até que pegaram o verdadeiro bandido e fui libertado. Hoje eu não fico* **remoendo esta injustiça**. *Pelo contrário, eu* **vivo com mais alegria e agradeço por cada minuto de liberdade.**

Agora eu sei que a vida é muito curta e preciosa!"

Capítulo 10

A Arte de Encarnar Personagens

No texto dramatúrgico propriamente dito, a história se desenrola por intermédio de ações, e o corpo do ator é possuído pelo corpo do personagem. Agora o ator se expressa fisicamente, por meio de olhares, respirações, gestos, expressões e movimentos. Entretanto, existe uma grande diferença entre as emoções cênicas e as emoções "naturais". Na vida real, as emoções nos invadem repentinamente e não temos domínio sobre a sua intensidade ou duração. Além disso, as "emoções naturais" contêm certa linearidade, porque seria impossível sofrer pela perda de um grande amor antes de conhecê-lo! Já no cinema, a emoção é descontínua e poderíamos filmar a cena da separação antes da filmagem do encontro do casal! Na vida real, operamos por uma "lógica de causa e efeito" para explicar os sentimentos, e dizemos: "Estou triste *porque* meu gato sumiu". "Estou magoada *porque* meu namorado não telefonou." Entretanto, as emoções cênicas independem de um *porquê*, e são deflagradas para servir ao contexto da cena. Elas brotam no momento adequado, duram o tempo justo, na intensidade desejada, sendo liberadas quando se tornam desnecessárias! Portanto, para obter o domínio sobre a emoção cênica, é preciso expressá-la independentemente de qualquer motivação lógica para agir!

Vamos descartar as bengalas das explicações racionais, como: "Estou triste porque meu gato sumiu" para deflagrar emoções diretamente no corpo e através do corpo: "Estou triste porque acionei a musculatura que deflagra a tristeza". No momento em que acesso a musculatura da tristeza, meu corpo se recolhe, a respiração se torna mais lenta, a musculatura da face tomba, o olhar expressa melancolia. Dessa forma, o ator se torna "verdadeiramente falso", ao mesmo tempo que domina a intensidade e a duração do sentimento!

O Teclado da Expressão

Para expressar emoções fisicamente, pensemos no corpo como um instrumento musical que contém um teclado acoplado ao eixo que liga a bacia, o tronco e a cabeça. No Teclado da Expressão, cada tecla ativa a musculatura responsável pela expressão de uma determinada emoção. As teclas são ativadas pela via física, por meio de comandos musculares e da respiração.

As teclas graves do teclado correspondem ao território de base, no baixo-ventre.

O território de base contém as teclas que acionam as emoções pulsantes e quentes que ainda não passaram por uma elaboração racional, tais como a raiva, o ódio, o desespero, o sarcasmo, a inveja e a sensualidade.

A Raiva

A respiração da raiva é curta e rápida, e produz calor no abdômen, enquanto esfria as extremidades. A raiva crispa toda a musculatura, principalmente os músculos da face, do pescoço e do colo. A fúria se expressa fisicamente por meio da desorientação espacial: os olhos ficam vidrados e, o gestual é truculento, pois não existe "raiva organizada"!

Vamos corporificar a raiva para encenar a seguinte frase: "*Sai da minha frente, some daqui! Anda, eu já disse, vai embora!*".

Digamos que esta cena pertença a um filme cujas partes são filmadas de forma aleatória. Portanto, a cena que revela os motivos que levaram o personagem a ficar possesso de raiva será filmada futuramente. Além disso, o ator que contracena com você não pôde comparecer. O diretor decidiu filmar você sozinho, e o problema da contracena será resolvido na edição. E agora? Você ficou sem bengalas, porque vai encenar uma emoção descontínua para ninguém!

Certamente, este é um bom momento para utilizar a técnica da corporificação, da seguinte maneira:

– Antes de falar a frase, acione a tecla da raiva. Concentre a respiração no baixo ventre e respire de maneira curta e rápida. Plante-se ao chão, mantendo os joelhos levemente flexionados, contraia toda a musculatura, feche os punhos, tensione as mandíbulas.

Aguarde alguns segundos, até que o corpo se coloque em atitude de raiva. Neste momento, sua imagem está revelando a raiva, e você está pronto para dizer seu texto!

Vamos repetir a mesma técnica para corporificar os demais sentimentos.

O Ódio

O ódio é um sentimento que "aterrissa" os pés no chão e imobiliza o corpo. Sua respiração é lentíssima, quase inexistente.

O ódio é duro, seco, frio e amplia a percepção espacial. Perto do ódio, o corpo borbulhante e desgovernado da raiva parece infantil.

A tecla do ódio desenha a seguinte postura: pés aterrados ao chão, corpo frio, tendendo à imobilidade, precisão espacial, visão circular, expiração longa!

Execute estes comandos físicos, aguarde alguns segundos até que o corpo se coloque em atitude de ódio e diga: "Sai da minha frente, some daqui! Anda, eu já disse, vai embora!".

Compare a expressão contida do ódio com a ebulição da raiva, e perceba que o ódio demanda uma voz mais calma e movimentos contidos!

A Inveja

A inveja, o sarcasmo e o cinismo são "parentes" do ódio, e assumem as mesmas características do sentimento matriz: expiração longa, pés aterrados ao chão, corpo frio, tendendo à imobilidade, visão circular e precisão espacial.

A tecla da inveja, sarcasmo e cinismo ativa a mesma postura do ódio, porém o semblante não é fechado. Podemos dizer que o cinismo é um ódio sorridente, porque o cínico e o invejoso esboçam um leve sorriso no canto dos lábios, inclusive parecem simpáticos!

Execute os comandos físicos, aguarde alguns segundos, até que o corpo se coloque em atitude de ódio, adicione um sorriso simpático e diga: "Sai da minha frente, some daqui! Anda, eu já disse, vai embora!".

Repare que a voz é projetada de forma calma e suave.

A Sensualidade

A sexualidade é visceral e quente. Seu calor provém da respiração curta com ênfase abdominal, e sua visceralidade advém da intensa energia centrada nos órgãos sexuais.

A tecla da sensualidade planta os pés ao chão e produz calor por meio de uma respiração rápida, porém limitada no baixo-ventre. O desejo é molhado e produz saliva na boca. Para salivar, basta enfocar sua atenção no umbigo, e a boca fica molhada. Execute o comando e, quando estiver salivando, entreabra os lábios e respire no seu interlocutor. Este "truque" faz com que sua imagem passe sensualidade!

Aguarde alguns segundos e diga: "Oi, tudo bem? Você vem sempre por aqui?"

As teclas médias do teclado correspondem ao território de leveza, no tronco.

O território de leveza contém as teclas que acionam os sentimentos que já passaram por uma elaboração lógica e que dizem respeito à personalidade, tais como a ternura, a mágoa, a alegria, a tristeza, o poder, o orgulho e a vaidade.

A Alegria

A alegria é um sentimento inspiratório que infla, abre e expande o corpo. A tecla da alegria eleva as costelas para cima, na direção do topo da cabeça e para as diagonais, na direção das axilas. Repita esta respiração. Aguarde alguns segundos, até que o corpo se coloque em atitude de alegria e diga: *"Oi, querido, que bom te ver depois de tanto tempo"*.

A Ternura

A ternura é uma alegria contida no peito. A tecla da ternura é acionada no centro do tórax, por meio de uma respiração suave que amolece o peito, produzindo uma sensação gostosa de acolhimento. Respire dessa maneira, aguarde alguns segundos até que o corpo se coloque em atitude de ternura e diga: *"Oi, querido, que bom te ver depois de tanto tempo"*. Observe que a voz fica mais doce, e a frase é dita de forma mais tranquila.

O Orgulho

A tecla que aciona o orgulho, a arrogância, a prepotência e a vaidade são acionadas no centro do peito. O tórax infla-se, projetando o peito "para cima e para frente" e fechando as costas. Os pés apontam para fora do corpo e a visão converge para cima, elevando as narinas. A inspiração é pronunciadíssima, a expiração é curta e a pausa respiratória é brevíssima. Respire dessa maneira, aguarde alguns segundos, até que o corpo se coloque em atitude de orgulho e diga: *"Oi, bom te ver depois de tanto tempo. Vamos começar o trabalho?"*.

O Poder

A tecla do poder enrijece a nuca, encurtando as vértebras cervicais e endurecendo o olhar. Essa dureza expressa o desejo de manter o controle absoluto sobre tudo. O poder amplia a percepção espacial, planta o corpo ao chão e sua cadência respiratória é muito lenta. Respire dessa maneira, aguarde alguns segundos, até que o corpo se coloque em atitude de poder e diga: *"Oi, bom te ver depois de tanto tempo. Vamos começar o trabalho?"*.

Verifique a diferença entre a expressão do orgulho e do poder: por ser parente do ódio, o poder amplia a percepção espacial, plantando os pés no chão. Já o orgulho é parente da fúria, um sentimento quente, que desorienta o corpo no espaço e torna a pessoa cega de raiva. Há muitos poderosos sem arrogância; assim como há muitos orgulhosos sem poder!

A Tristeza

A tecla da tristeza fecha e enrola o corpo para dentro de si mesmo. Sua inspiração é curta, enquanto a expiração é longa e "afunda" o tórax a cada alento. Respire dessa maneira, aguarde alguns segundos até que o corpo se coloque em atitude de tristeza e diga: *"Oi, querido, que bom te ver depois de tanto tempo"*.

A Mágoa

A tecla da mágoa expressa uma raiva do passado que não se dissolveu, formando nódulos que bloqueiam a trajetória do ar. O primeiro nó fecha o laringe, o segundo afunda o plexo solar e o terceiro provoca ebulição no baixo-ventre, por causa da raiva mal processada. O rancoroso sente-se continuamente vitimado, incompreendido e injustiçado por circunstâncias da vida ou por pessoas que lhe devem algo.

O padrão respiratório da mágoa é parecido com o da tristeza: inspiração curta, expiração longa, Entretanto, a trajetória do ar é bloqueada no laringe, no plexo solar e no baixo-ventre. Respire dessa maneira, aguarde alguns segundos até que o corpo se coloque em atitude magoada cobradora, e diga: *"Até que enfim você chegou, depois de tanto tempo"*.

O Medo

O tórax expressa o medo que não é palpável, como o medo de não ser aceito, o medo de se entregar. Por ser vago, o medo do tórax é chamado de inquietação e, apreensão! A tecla da inquietação paralisa o peito, endurece a nuca e retrai os ombros para perto das orelhas. A respiração é muito curta, quase inexistente. Corporifique a inquietação e diga: *"Você tem certeza de que estamos seguros?"*.

O medo do baixo-ventre costuma ser deflagrado por um fato concreto, como o medo de assalto, o medo de viajar de avião. O medo do baixo-ventre chama-se desespero. A tecla do desespero contrai o ânus e repuxa a língua na direção da goela. Sua respiração é abdominal, curta, ofegante, com ênfase inspiratória. Os olhos fixos e arregalados turvam a visão e inibem a percepção do espaço. Corporifique o desespero e diga: *"Pelo amor de Deus, me tire daqui"*.

As teclas agudas do teclado correspondem ao território de flutuação.

As teclas agudas do teclado situam-se na cabeça. O território de flutuação contém as teclas que acionam os sentimentos nobres, como o amor incondicional, a compaixão, a paz, a generosidade e a humildade.

Para expressar sentimentos leves, basta respirar tranquilamente, permitindo que o ar chegue até o topo da cabeça e inunde os olhos, a nuca, as têmporas e os maxilares, produzindo uma sensação de leveza, de paz.

O **amor** amolece o corpo e permite que todos os músculos sejam oxigenados pela respiração. Os demais sentimentos derivam do amor, mantendo os comandos musculares, embora com pequenas variações:

A **humildade** e a **modéstia** abaixam ligeiramente o topo da cabeça.

A **generosidade** e a **compaixão** se expressam por meio da cabeça erguida e da visão circular e abrangente.

A **esperança** posiciona o olhar para frente e para longe, pacificando o semblante.

Corporifique os sentimentos amorosos e diga: *"Como é bom estar aqui, pertinho de você"*.

Capítulo 11

A Técnica da Possessão

A explanação física dos sentimentos provoca estranhamento, porque estamos acostumados a pensar nas emoções de maneira exclusivamente psicológica, sem considerar a sua porção muscular. No entanto, esse enfoque anatômico é muito útil para lidar com a sofisticada tecnologia do audiovisual, que demanda uma representação muito limpa e gráfica. À primeira vista, parece mais fácil relembrar uma passagem da própria vida para resolver uma cena na qual o personagem está raivoso. Entretanto, quando ativamos emoções através dessa memória pessoal, importamos os cacoetes que utilizamos inconscientemente na vida real. Dessa forma, a memória pessoal da raiva vai trazer a reboque uma série de atitudes físicas inapropriadas, como arregalar os olhos, colocar o dedinho em riste, pendular e contorcer a musculatura da face. É impossível manter o domínio gráfico da própria imagem quando estamos totalmente identificados com o sentimento! A ideia central do método é a conversão de emoções abstratas em comandos musculares. O ator é convidado a "raciocinar fisicamente" para encarnar personagens complexos e revelar suas emoções contraditórias. A técnica da possessão é assimilada por meio da repetição, para aprender a disparar cada emoção por meio do seu local preciso no corpo. Em seguida, as emoções são mescladas para compor estados emocionais mais complexos.

A Expressão dos Estados Emocionais

O ator aprende a tocar o teclado da expressão, assim como o músico aprende a tocar piano. As teclas individualizadas correspondem aos sentimentos essenciais do ser humano. A combinação entre as teclas produz os estados emocionais, que misturam vários sentimentos.

A Culpa

A culpa é um estado emocional gerado pela interseção das musculaturas do orgulho, do poder e do medo. O culpado é extremamente orgulhoso, ao ponto de sentir-se capaz de carregar as aflições humanas em seu lombo. O poder se expressa pela nuca tombada, porém muito rígida. A superioridade do orgulho se expressa como uma tensão ascendente no peito que impede o culpado de soltar o peso da cruz. Já o medo enrola o corpo culpado para dentro e para baixo, vitimando-o.

Para corporificar a culpa, misture três focos de tensão em seu corpo. O medo produz a sensação de um soco no abdômen que enrola o corpo para dentro. O orgulho se expressa por uma fixação inspiratória no centro do tórax, e o poder endurece a nuca.

Misture essas tensões em seu corpo e diga: *"Me desculpe, não foi minha intenção"*.

A Timidez

No fundo, o tímido é muito vaidoso, pois ele imagina que todas as atenções convergem para ele, e que seus atos e palavras provocam uma comoção generalizada. Por conta disso, o tímido tem medo de ser alvo de comentários e pivô de situações que o exponham. O corpo tímido possui as axilas grudadas ao tórax, já que as axilas são como grutas que escondem os segredos da personalidade. Essa pressão constante termina por enrolar e derrubar o corpo: a visão converge para baixo, enquanto as pontas dos pés convergem para dentro.

Para corporificar a timidez, misture as teclas da vaidade com as do medo.

A timidez se expressa por meio das axilas coladas ao peito, os cotovelos suspensos e o corpo enrolado.

Misture essas tensões em seu corpo e diga: *"Eu quero ser ator, mas não consigo falar em público"*.

O Pudor

O pudico tem medo de sua sensualidade borbulhante e faz pressão entre as virilhas para aplacá-la. O pudico oculta seus instintos nas virilhas, que são como grutas que escondem os instintos. Por conta da amarração nas coxas, os passos do pudico são pequenos e seus pés convergem para dentro.

Para corporificar o pudor, misture as teclas da sensualidade com as do medo. O pudor se expressa pelas virilhas coladas. Os joelhos e as pontas dos pés convergem para dentro e os olhos são cabisbaixos. O passo do pudico é curto, pois as coxas estão coladas umas às outras.

Misture essas tensões em seu corpo e diga: *"Detesto os bailes de carnaval porque tem muita gente pelada"*.

O Egoísmo

O egoísmo blinda o corpo, impedindo a troca afetiva. Por ser parente do ódio, do poder e do orgulho, o egoísmo resfria o corpo, endurece o olhar e tensiona a nuca. O orgulho gera uma tensão ascendente no peito que o impede de externar amor e ternura.

Para corporificar o egoísmo misture as teclas do orgulho, do poder e do ódio. O orgulho infla o peito, o poder endurece a nuca, o ódio congela o corpo todo, acalmando a respiração.

Misture essas tensões em seu corpo e diga: *"Entendo sua situação, mas não posso fazer nada por você, lamento"*.

O Ciúme

O ciumento quer dominar o seu objeto de desejo, pois sente medo de perdê-lo. O ciúme é quente, vermelho e altamente inflamável. A menor fagulha gera uma explosão, que leva o ciumento a perder o controle de suas palavras e ações. O ciúme tensiona o corpo, trincando as articulações e provoca grande fadiga muscular.

Para corporificar o ciúme, misture as teclas da sensualidade e da raiva; ative a respiração no baixo-ventre, respire rapidamente e diga: *"Eu te liguei a tarde inteira. Onde você estava?"*.

A Dúvida

A indecisão se expressa por meio do ato de pendular, refletindo a dificuldade de marchar em uma rota definida.

Existem duas maneiras de pendular o corpo: o pêndulo lateral expressa indecisão, enquanto o pêndulo para frente e para trás manifesta medo profundo.

A Tranquilidade

A tranquilidade mistura as musculaturas da paz e da ternura. A paz relaxa o corpo e acalma a respiração, enquanto a ternura suaviza o peito e amansa o olhar. Essa fusão resulta em uma atitude receptiva e acolhedora.

Para corporificar a ternura, respire no centro do peito de maneira suave, amoleça o tronco e permita que o ar chegue até o topo da cabeça, esboçando um leve sorriso, e diga: *"Agora que você chegou, fiquei mais tranquilo. Sua presença me conforta".*

Para complementar este treinamento, assista aos vídeos sobre a técnica e informe-se sobre as oficinas presenciais e via Skype pelo site www.mariapiasconamilio.com.br; usinadeexpressao@ terra.com.br; e no YouTube: Maria Pia Sconamilio. Sugiro a leitura do módulo básico deste método no livro Corpo Quântico – Anatomia da Expressão.

A Inteligência Cênica

A inteligência cênica pode ser definida como a habilidade de agir com gestos apropriados e falar no tom certo, na hora certa. Esse senso de oportunidade cênica é o fator decisivo para formar um bom ator. Alguns gênios possuem esse "faro cênico" inato, mas a grande maioria dos artistas o desenvolve no exercício da profissão. O problema é que, atualmente, o mercado de trabalho é muito competitivo e não permite que o ator iniciante desenvolva o senso de oportunidade cênica durante o trabalho. Dessa forma, o estudante de artes cênicas precisa aprender os macetes da profissão e desenvolver seu faro cênico antes de candidatar-se no mercado de trabalho!

Existem reflexões importantes, no âmbito pessoal e técnico, para desenvolver o senso de oportunidade cênica.

A Dança da Expressão

A dança da expressão é essencialmente física, permitindo a incorporação das emoções do personagem, embora mantendo o domínio sobre o processo. Obviamente, o personagem e o texto também são decodificados por meio de elaborações abstratas. Entretanto, as resoluções cênicas só ocorrem quando o ator age!

O ator deve raciocinar graficamente desde o primeiro contato com o texto. Digamos que o personagem seja um homem tímido, pacato, comportado, trabalhador, educado, apaixonado pela esposa e ótimo pai para os filhos; no entanto, quando bebe, ele vira do avesso e torna-se rude, inconveniente, arrogante, sedutor e briguento!

Para *decupar* esse personagem, o ator deve criar dois corpos distintos. O primeiro é tombado, enrolado para dentro, com as axilas grudadas e olhos cabisbaixos. Sua expiração é muito comprida e sua inspiração muito pequena. A ternura pelos membros da família revela-se no peito acolhedor e no seu jeito doce de falar e olhar para eles.

O segundo corpo é projetado para frente e para cima, o peito é rígido, os gestos são largos, sua inspiração é intensa, seguida de uma expiração bem curta. Seu olhar é direto e revela uma sensualidade visceral!

Em seguida, o ator vai buscar um repertório de vozes, de gestual e de movimentos apropriados para cada corpo. O primeiro tem gestos curtos, precisos, delicados, uma fala mansa e um tom de voz baixo. O segundo corpo abusa de gestos largos, o tônus das mãos é denso, sua voz é potente.

Ao dominar esses corpos fisicamente, o ator cria infinitas possibilidades para expressar a ambiguidade do personagem.

Em algumas cenas, os corpos são apresentados separadamente; em outros momentos, eles são mixados, formando um terceiro corpo! Este processo de investigação é infinito, e seu fio terra é o corpo.

O Autoconhecimento

A dança da expressão flui naturalmente quando o sentimento é tocado pela tecla que lhe corresponde. Tudo vai bem quando o baixo-ventre expressa os instintos, o tronco expressa a pessoalidade e a cabeça expressa a transcendência. Entretanto, nem todos possuem esta destreza, porque temos couraças emocionais que se manifestam na carne, em forma de contraturas musculares, de apneia respiratória e de má postura. Estas questões inibem a capacidade de expressão e inviabilizam o acesso a várias teclas do Teclado da Expressão. O ator que ostenta uma postura rígida terá dificuldade para demonstrar acolhimento e ternura. Já o ator que ostenta uma postura "tombada", provavelmente, encontrará dificuldade para expressar euforia. O artista que não faz contato com seu território de base tende a ser inexpressivo quando se trata de manifestar instintos como a raiva, a sexualidade, o desespero. Em vez de contatar a raiva pelo baixo-ventre, tende a expressá-la pelo pescoço. Essa raiva mal comunicada imprime histeria, através de gritos agudos e tensão na cervical.

Cada indivíduo possui um Teclado da Expressão singular, no qual as teclas subutilizadas se atrofiam e as teclas superutilizadas são acionadas para deflagrar toda e qualquer emoção. Dessa forma, o estudante de artes cênicas precisa desenvolver processos de autoconhecimento em nível espiritual, psíquico e físico para dedilhar todas as teclas do seu teclado com excelência!

Segundo o psiquiatra Carl Gustav Jung: "Sua visão se tornará clara somente quando você olhar para dentro do seu coração. Quem olha para fora, sonha. Quem olha para dentro, acorda". É fundamental que o artista olhe para dentro de si, e que se perceba para que possa investigar e perceber o outro.

A Pausa é a Cozinha das Emoções

É nas entrelinhas do texto que o ator cozinha a emoção e prepara os momentos fortes da narrativa, como no seguinte exemplo: *o personagem começa uma determinada cena sentindo-se eufórico e diz: "Estou felicíssimo!"*. Primeiramente, o ator deve acionar os comandos musculares da alegria, até sentir que seu corpo está magnetizado pela euforia. A partir deste instante, o ator poderá dizer o texto com verdade.

A falsidade na representação ocorre quando o ator procura emocionar-se *enquanto diz o texto*. Quem acreditaria no ator que entra em cena cabisbaixo para, subitamente, afirmar "estou felicíssimo"?

Os grandes atores respiram em cena e não se afligem com as pausas. Eles sabem aguardar o momento certo de agir e falar, e utilizam os silêncios para fortalecer a magia cênica e arrebatar a plateia. O respeito à pausa como a condição fundamental para a corporificação das emoções é o que distingue o bom ator dos demais. O bom ator não se estressa e possui a tranquilidade necessária para sustentar a pausa, até que a emoção esteja cozida. Já o ator apressado come cru, porque ele não suporta esperar o tempo da pausa e atropela uma frase na outra!

Menos é Mais

Na arte da representação, *menos é mais*, porque as entrelinhas são mais importantes do que os "momentos gloriosos". Chaplin afirmava que a emoção deveria brotar de forma macia, para ser esticada ao máximo. Dessa forma, o público pode acompanhar cada detalhe da cena e sentir mais prazer! Chaplin buscava o deleite da plateia em primeiro lugar, e isso norteava a criação de suas cenas. Ele cita como exemplo a filmagem de uma cena na qual o vagabundo está no terceiro andar de um teatro, chupando sorvete. A câmera acompanha a gota do sorvete caindo na careca de um cavalheiro do térreo. Revendo a cena, Chaplin percebeu que seria mais interessante esticar o fio do riso, e repetiu a filmagem. Dessa vez, o vagabundo chupa sorvete no terceiro andar, a gota cai e passa entre os seios fartos de uma *lady* no segundo andar, seguindo direto para a careca do cavalheiro do térreo. Ao esticar o fio do humor, a cena tornou-se mais engraçada!

Chaplin observou também que as passagens muito intensas e gloriosas provocam cansaço no público. Ele evitava filmar cenas que "matam o público de tanto rir", pois a overdose do riso provoca uma distração posterior. Depois da gargalhada intensa, vem o relaxamento que compromete as cenas seguintes. Podemos comprovar tal fato observando as pessoas que assistem à TV em casa, onde as distrações são maiores do que numa sala de cinema. Depois de cenas fortes e intensas, ocorre uma queda na atenção, e as pessoas vão fazer xixi, telefonar ou esquentar pipocas nas micro-ondas! Efetivamente, a emoção muito forte distrai a plateia e compromete a representação!

O Passo a Passo para Elaborar uma Partitura Cênica

Decodificar o texto é um momento delicado do jogo do faz de conta e pode decidir o placar a seu favor ou contra. Um bom texto possui todas as informações necessárias para representá-lo, e não é preciso inventar nada além do que está escrito. Como uma cebola que vai se desfolhando em camadas, um bom texto vai revelando os seus segredos ao leitor que sabe prestar atenção nele.

Leia, releia, leia de novo e novamente o texto.

Cada leitura revela algo novo sobre a alma dos personagens, o local e o tempo da trama, sobre quem conta a história e quem a vive, sobre as emoções não reveladas nas palavras.

O leitor apressado vai representar aquilo que percebeu em sua leitura superficial, e termina elaborando o personagem de forma rasa ou construindo um verdadeiro dramalhão. O pulo do gato é compreender o que está implícito nas entrelinhas, e as escolhas daquilo que será enfatizado em cena definem a grandeza de um ator.

"Decupe" o texto como se fosse uma história em quadrinhos.

Visualize a narrativa como uma sequência de imagens legendada por palavras. Observe o ritmo proposto pelo texto: cada cena possui seu início, seu clímax e sua resolução, com ritmos e tensões distintos.

Discrimine as passagens que demandam corporeidade e os momentos narrativos.

Escolha os gestos apropriados e determine os momentos de agir. Lembre-se de que a ausência de gesto é uma escolha de gestual; nesse caso, os olhos falam com muita intensidade. Não há expressão mais verdadeira do que o olhar, portanto, o ator deve sentir cada emoção transbordando em seus olhos:

Utilize as pausas para cozinhar suas emoções e para agir. Não embole as ações físicas e as palavras.

Construa a partitura vocal por meio das três vozes e perceba o espírito das palavras, pense no colorido do discurso, nas variações de tom, na dicção e na projeção da voz. Por ser imaterial, a voz flui com leveza, depois da ação física. O tom de voz é colorido pela emoção produzida no corpo, assim como o licor vem embebido pelo gosto da fruta contida na garrafa. Ao colocarmos força na voz, tendemos a gritar e perdemos o tom apropriado para a cena!

Um Alerta

A falta de escolaridade adequada também compromete a leitura e a decodificação de um texto teatral. Em meus cursos, constato um enorme déficit de atenção entre os jovens atores brasileiros e percebo que a maioria deles não desenvolveu o hábito da leitura desde a infância, por conta de uma escolaridade precária. Infelizmente, esses alunos não logram um lugar ao sol, ainda que sejam expressivos e talentosos. Certamente, a produção cultural brasileira vai despencar ladeira abaixo, caso não haja uma melhoria significativa do ensino.

Não posso deixar de registrar esse alerta!

Conversando com a Câmera

A arte teatral é a mãe de todas as formas de representação, pois o teatro surgiu na Grécia, no século VI A.C., enquanto seu filho, o cinema, tem aproximadamente cem anos. Os princípios da teatralidade são universais, porque a tragicomédia humana é eterna, e não existe a menor diferença entre os sentimentos gregos e os atuais. Entretanto, a sofisticada tecnologia do audiovisual do século XXI demanda uma representação muito gráfica, por intermédio de uma elaboração precisa da imagem e da voz. O ator contemporâneo deve ajustar sua expressão aos vários tipos de planos e enquadramentos, às diversas formas de captação de som e aos diversos veículos de comunicação presencial, eletrônica e virtual. Para atender a essas demandas, é preciso incluir um novo princípio ao "jogo do faz de conta" ancestral. Além de agir e falar, o ator deve triangular para as lentes de uma câmera.

A Triangulação

Qual é a diferença entre um jogador amador e um craque? Enquanto o amador está focado exclusivamente em sua *performance*, o craque domina o próprio jogo e possui uma visão geral da partida, do campo e do adversário. Esse aditivo chama-se triangulação.

O princípio da triangulação consiste em criar um terceiro olho que nos observa, porque nossos olhos enxergam o mundo, mas não sabem ver a si mesmos. Quando ampliamos o campo de visão, somos capazes de ver e perceber como somos vistos! Esta é a condição fundamental para representar, já que não se atua para si, mas para o outro!

Nas oficinas de interpretação para câmera, evito utilizar a tecnologia audiovisual, inclusive a própria câmera. Creio que os aparelhos inibem o raciocínio gráfico, e prefiro que o aluno aprenda a enxergar a câmera como uma extensão remota dos seus olhos. Para aprender a triangular, imagine que o olho da câmera é o seu terceiro olho. Esse olhar observador é aquele que norteia a representação, por meio dos seguintes princípios:

O Enquadramento

O olho da câmera capta a imagem através de três possibilidades de enquadramento: o *close*, o plano americano e o plano aberto.

O *close* equivale ao círculo de espaço pessoal, em que a imagem é fechada na cara do ator, revelando os mínimos detalhes que passam despercebidos a olho nu, como franzir as sobrancelhas, arregalar os olhos, deglutir e respirar. Nesse enquadramento, o ator deve tomar cuidado redobrado com sua imagem, evitando os cacoetes da expressão cotidiana: os olhares, as respirações, a maneira de mover a cabeça, o queixo e o modo de articular as palavras são meticulosamente elaborados!

O *close* é utilizado nos momentos de impacto dramático, porque revela a intimidade do personagem e capta as entrelinhas do texto, ou seja: o *close* mostra aquilo que não é dito.

Tomemos como exemplo o diálogo entre dois amantes que terminam a relação. Ele decide romper, ela concorda por orgulho, mas intimamente segue apaixonada. Entretanto, o texto escrito não indica qualquer sinal dessa paixão:

Ele – *Foi muito bom enquanto durou, e te desejo o melhor!*

Ela – *Eu te desejo o mesmo. Vida que segue*!

Para finalizar a cena, a câmera vai buscar a intimidade da mulher por meio de um *superclose* que revela a tristeza em seus olhos, impondo uma carga dramática que é essencial para o desenrolar da história!

O *plano americano* equivale ao círculo espacial da quinesfera, enquadrando a figura da bacia para cima e revelando detalhes do ambiente cênico. No plano americano, é fundamental observar a leveza no gestual das mãos, mantendo o tronco ereto, porém macio e flexível.

O plano americano é muito utilizado para pontuar a ação dramática nos diálogos entre dois parceiros de cena. Esse enquadramento é alternado com *closes* que revelam as reações individuais de cada personagem.

É também muito usado no telejornal. Nesse caso, a imagem capta o apresentador da cintura para cima, e revela uma parte modesta da ambientação e do fundo de cena. A imagem se alterna do plano americano para o *close*, de acordo com a intensidade dramática da narrativa.

O *plano aberto* equivale ao espaço do desejo, revelando a figura inteira e o ambiente cênico onde o corpo está inserido. Esse plano demanda muita consciência corporal, pois quanto mais aberto o enquadramento, mais nítidos são os movimentos, os gestos e a relação entre o corpo e o espaço que ocupa. Tomemos como exemplo a história de um alpinista, em sua batalha para escalar uma montanha. A narrativa demanda planos abertos, para situar o espectador no cenário e revelar os perigos da escalada nas escarpas íngremes. Nesse caso, o plano aberto é um motor da ação dramática, ao mostrar o contraste entre a imensidão da montanha e o pequeno alpinista. A câmera vai oscilar entre o plano aberto para mostrar a ambientação perigosa, o plano americano e o *close* para revelar a tensão do personagem!

Os Olhos São a Janela da Alma

Quando os olhos falam, a ação dramática flui naturalmente: o gesto se integra à palavra e a magia cênica acontece. Quando o olhar é equivocado a mágica desaparece; como numa reação em cadeia, o corpo trava e o ator perde o tom da cena. Desde os seus primórdios, *a arte da representação nasce, cresce e se desenrola através do olhar*. Entretanto, essas características se tornam muito mais evidentes na representação para a câmera. Dessa forma, o ator contemporâneo precisa elaborar um código de visão especializado para conversar com a câmera.

A Diferença entre Olhar para a Câmera e Olhar Através da Câmera

Olhar para a câmera significa utilizar a visão focal, que é apropriada para examinar detalhes, pontuar e focar por meio de uma imagem muito precisa. Quando utilizamos a visão focal, ocorrem vários ruídos de comunicação, porque fazemos mais esforço para enxergar e tendemos a fechar o semblante, franzir a testa e vidrar os olhos. Por conta disso, nossa imagem imprime preocupação, seriedade excessiva e até agressividade, mesmo que a intenção seja oposta.

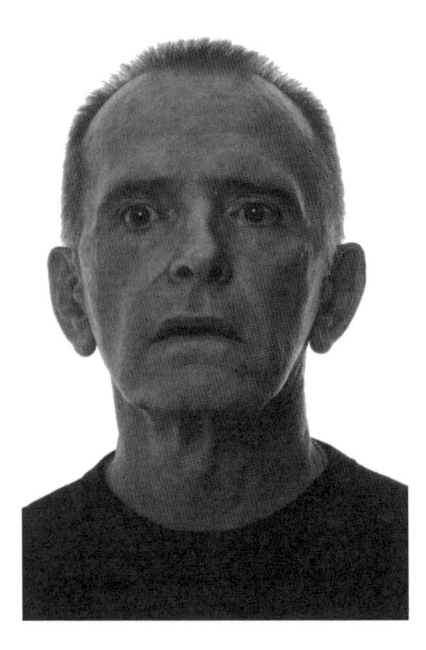

Os olhos vidrados imprimem uma imagem que fala de insanidade. Fitar o vazio com olhares vagos comunica insegurança ou desconexão com a realidade, e a pessoa fica desacreditada, conforme o ditado: *"Quem olha para o nada não tem nada a dizer"*.

Olhar através da câmera significa utilizar a visão panorâmica, que é circular e abrangente. Ela relaxa o olhar, distende o semblante e permite ver e ser visto. Visualize um rio que corre na direção do olho da câmera e vai além dele, jogue nesse rio as imagens que você visualiza. Deixe que seus olhos transbordem de emoção e projete seus sentimentos na direção desse rio que corre, através da respiração. Dessa forma, você passa naturalidade, verdade e credibilidade!

O ponto de vista do observador é o condutor da narrativa, portanto, esqueça o par de olhos que utilizamos na vida real e atue para os olhos do observador, como nos seguintes exemplos:

Na vida real, sentimos tristeza com os olhos baixos, praticamente olhando para os pés, e os cabelos tendem a cobrir a cara. Mesmo que o ator esteja tristíssimo, seu esforço terá sido em vão, porque seu rosto está coberto e seus olhos ficam imperceptíveis.

Na tristeza cênica, os olhos devem ser visíveis ao olho da câmera. Para que os dois olhares se cruzem, projete a tristeza na direção baixo-diagonal!

Na vida real, olhamos para cima da própria cabeça para dizer: "A pasta está na prateleira de cima". Na arte, olhamos a prateleira na direção diagonal-cima, ajustando a imagem para o ponto de vista do observador.

A Visão Cênica é Ordenada de Acordo com o Fio do Tempo

O fio do tempo corre em linha reta, da esquerda para a direita do narrador. Ao dizermos: "eu vim da praia e vou ao cinema", a visão e os gestos apontam para o traçado do percurso, situando a praia à esquerda, o cinema à direita. Quando invertemos essa ordem, significa que estamos retrocedendo no tempo e o espectador fica confuso!

As imagens que visualizamos durante a narrativa são projetadas de acordo com o tempo-espaço que ocupam. O *aqui- agora* se expressa fisicamente por meio dos pés bem plantados ao chão, o corpo voltado para a frente, e visão circular e abrangente.

O *passado* situa-se nas costas: as lembranças são captadas pela parte traseira, levando o peso do corpo para os calcanhares. "Eu me lembro da minha primeira boneca" (a imagem da boneca é captada pelas costas).

O *futuro* situa-se à frente do tórax: quando vislumbramos algo, a visão projeta-se para frente e para longe. "Daqui a mil anos esta cidade será um deserto" (vislumbre o deserto no espaço do desejo à sua frente).

Ouvindo em Relação à Câmera

Durante um diálogo, evite olhar fixamente para seu parceiro de cena, e utilize a visão panorâmica para enxergar o interlocutor e o ambiente que ele ocupa. Dessa forma, seus olhos ficam expressivos e vivos.

No momento de ouvir o interlocutor, seus olhos devem refletir sobre o que ele diz: *essas reflexões são projetadas em direção ao olho da câmera!* (Observe que nos diálogos da vida real, a reflexão é direcionada para o interlocutor.)

Gesticulando para a Câmera

- Evite o "chicote".
- *Chicotear* significa fazer movimentos bruscos, que não podem ser acompanhados pela câmera, tais como: sentar ou levantar bruscamente ou mover a cabeça com rigidez. Evite *chicotear* com os olhos, mudando rapidamente seu ponto de vista do olhar.
- Evite movimentar a cabeça pelo queixo, pois isso gera tensão na sua expressão: mova a cabeça através da nuca para tornar seu olhar mais expressivo.
- Os movimentos do *sim* e do *não* são executados suavemente. No movimento do *sim*, as narinas não ultrapassam a fronteira das orelhas, para evitar que os olhos convirjam para o teto ou para o chão.
- No movimento do *não*, as narinas não ultrapassam a ponta dos ombros. Evite mover a cabeça na direção extremo leste – extremo oeste, porque você ficará de perfil absoluto para o espectador.
- No plano frontal, posicione as narinas na direção da linha do horizonte para revelar sua expressão facial. Se as narinas baixam ou se elevam, a câmera não capta seu

olhar. (Desconsidere esta regra se o movimento de esconder a face for intencional ou se durar pouco tempo.)

- Mantenha o tronco ereto, o colo aberto e relaxado, e posicione a ponta dos ombros na frente das orelhas. A região do colo tensiona-se quando os ombros se posicionam atrás das orelhas, fechando as costas!

- Mantenha os pés plantados ao chão, para evitar o pêndulo corporal. Quando os pés não fazem contato com o solo, a postura se desorganiza e tendemos a escorar o peso utilizando a nuca e o pescoço. Além disso, o contato com o solo permite que a voz seja projetada corretamente e ancora os tons graves. A pessoa que não pisa no chão tende a elevar a voz aos agudos e perde o tom da cena!

- Utilize os gestos simbólicos com moderação, evite os clichês de expressão e os cacoetes que identificamos no capítulo 3, "Linguagem Não Verbal".

Capítulo 14

Por que Erramos?

Existe uma pane que acomete a maioria dos artistas iniciantes e persegue alguns veteranos pela vida afora! Essa pane é deflagrada pelo medo da exposição, na hora de enfrentar uma plateia ou uma câmera. O nervosismo é tamanho que nos travamos, esquecemos o texto e pendulamos de um pé ao outro, mantendo os olhos vidrados, como se estivéssemos vendo um fantasma! Esse "branco" dos sentidos é tido como um erro, embora suas raízes sejam mais profundas.

Afinal, por que erramos e como evitar essa pane na hora da exposição?

Expressão, Impressão e Inexpressão

O cérebro é como um rádio que opera em dois canais de consciência: a Expressão e a Impressão.

A Expressão é o processo de fazer contato com o mundo externo: o termo EX deriva do grego e significa fora; expressão significa literalmente "pressionar para fora"! Os cinco sentidos (a visão, a audição, o paladar, o olfato e o tato) estão voltados para fora, para trocar informações.

A expressão é o canal da ação e da comunicação; uma mensagem é como uma flecha lançada pelo emissor rumo ao alvo onde se encontra o destinatário. A pessoa expressiva tem pontaria para atirar as flechas na direção do interlocutor, seja um indivíduo, uma plateia ou uma câmera.

A *In Pressão é o processo de fazer* contato consigo mesmo por meio da concentração. A palavra In pressão significa literalmente pressão para dentro, quando os cinco sentidos se voltam para o interior. A impressão é o canal do pensamento e do recolhimento. A pessoa inexpressiva é aquela que "sente para dentro" e não se endereça ao outro. Ela se torna indecifrável, porque a mensagem sem destinatário não chega a lugar nenhum!

A *In Expressão* ocorre quando o cérebro sintoniza uma faixa intermediária entre os canais da Expressão e da Impressão. A inexpressão é como uma ausência, uma alienação da realidade. Nessa faixa, não há ação nem pensamento, não há vigília nem repouso. O erro é a expressão dessa pane.

O bailarino entra em modo inexpressão e erra o passo, o ator esquece o texto, o músico desafina, o locutor gagueja, o motorista se distrai, a cozinheira põe muito sal na comida e assim por diante! Quando o cérebro sintoniza o canal inexpressão, ficamos atordoados, olhando para o nada e falando para ninguém! Utilizamos inconscientemente esse recurso nas situações de superexposição e nas circunstâncias desagradáveis, quando a vida nos parece uma chatice, como engarrafamentos de trânsito e nas filas de banco. Ligamos o "modo inexpressão" nas discussões, quando um fala e o outro não escuta, e quando somos confrontados. Nessas ocasiões, podemos oscilar entre a apatia e a preguiça, a hiperatividade e a irritação.

Os Comandos para Evitar o Erro

Diz o ditado que *"errar é humano, mas insistir no erro é burrice"*.

Evidentemente, não somos perfeitos e temos o direito de errar para aprender. Porém, quando o erro se torna um padrão que se repete indefinidamente, é preciso intervir! Esse comportamento é um sinal de que o cérebro travou no modo Inexpressão! Para retirar a mente desse canal, não há conversa que resolva, porque não somos capazes de assimilar coisa alguma nesta frequência. Em vez de especular sobre o erro, envie comandos proativos para retirar sua mente do atoleiro.

Cancele a Memória do Erro!

Se você está em cena e sente que "travou", a primeira providência é respirar para cancelar o erro. Quando remoemos um equívoco, a mente se fixa no passado pela culpa de ter errado e se projeta no futuro para evitar a repetição do mesmo erro. Somente a força do esquecimento tem o poder de retirar a mente desse circuito equivocado de percepções. Na hora da pane, repita mentalmente: "eu cancelo isto agora e já". Em seguida, mantenha o foco na sua meta e siga em frente!

Evite Combater o Erro

Quanto mais combatemos um erro, maior ele se torna, pois a mente não identifica ordens negativas. Experimente *não pensar em um cavalo branco,* e observe que a imagem do cavalo branco vai ficando mais nítida em sua mente!

Se queremos acalmar alguém, é inútil dizer: *"Não corra, não se aflija, não se preocupe",* pois obteremos a reação oposta.

É preciso dar comandos positivos, tais como: *"Ande devagar, fique tranquilo, confie"*.

Mantenha a Postura Ereta!

O erro é uma pane psicofísica que afeta a mente e provoca o tombamento do corpo. Para sair do canal Inexpressão, é preciso retornar imediatamente ao eixo corporal correto. Os comandos para recuperar a boa postura devem ser claros, pois os músculos não decodificam ordens imprecisas. Tomemos o exemplo clássico da mãe que tenta consertar a postura do filho pelo seguinte comando: *"Não fique curvo, endireite as costas!"* O cérebro não obedece ao comando, porque os "músculos endireitadores das costas" não fazem parte da anatomia humana! Dessa forma, o cérebro traduz a ordem como: "Mantenha-se rígido e reto como um cabo de vassoura".

Plante os Pés no Chão!

O erro caracteriza-se por uma desconexão com o momento presente. O antídoto para combater o erro é plantar os pés no chão para ancorar a mente ao instante presente denominado realidade. Quando não contatamos o chão, a mente se distrai e escapa para o passado ou para o futuro!

Identifique a Pane da Expressão a Tempo de Remediá-la!

A inexpressão reflete a desordem corporal: a respiração é curta e superficial, os olhos estão abertos, mas não enxergam, o semblante é apático, os movimentos são robotizados e repletos de tiques nervosos, como friccionar as mãos, roer as unhas, coçar o corpo, franzir a testa, sacudir as pernas e pendular. Se você apresenta algum desses sintomas, é sinal de que vai errar de alguma forma e muito em breve! Interfira rapidamente por meio da seguinte sequência de comandos: respire, cancele a memória do erro, foque a meta e mantenha a coluna ereta e os pés plantados ao chão!

Capítulo 15

Para o Ator

A essência da representação consiste em saber agir, saber falar, saber organizar o fluxo entre os atos e as palavras, e saber triangular. Seguindo esses passos, a lenha da fogueira da representação se organiza e atingimos um excelente desempenho técnico. Agora, basta riscar o fósforo!

O fogo da fé cênica se expande por intermédio de alguns atributos essenciais ao ator: a respiração, a simplicidade, a generosidade, a liberdade, o humor e a autoinvenção.

Essas qualidades produzem o encantamento que transforma o jogo intuitivo do faz de conta em arte da representação.

Respire!

O jogo da representação torna-se prazeroso quando o ator respira em cena. Esse elemento tão simples o coloca de corpo e alma no agora e produz encantamento. O ator que não respira torna-se um canastrão e, portanto, não contracena. Em vez de escutar seu parceiro, ele repete mentalmente a frase que dirá em seguida! Tende a gritar ou a falar baixo demais e costuma errar o tom da cena. Não percebe o espaço cênico, pois sua mente está distraída em algum ponto do passado ou do futuro.

O ator que não respira em cena torna-se vaidoso, heroico e demonstrativo.

O *ator vaidoso* coloca-se na frente do seu personagem. Sua vaidade impede a observação do outro, já que ele é o centro das atenções. Em vez de encarnar o personagem, ele se preocupa com a aparência, e seu subtexto costuma ser: "Estou abatido? Será que *aquela ruga* está visível? Engordei?". Obviamente, o ator vaidoso não encanta o público. Podemos admirar seus músculos definidos e sua beleza, mas nos esquecemos dele rapidamente!

O *ator heroico* tende a ser exemplar e se leva a sério demais, o que o torna patético. Costuma ser exagerado no gestual e na fala, e utiliza chavões para se expressar.

O *ator demonstrativo* ilustra suas palavras com gestos. Ele diz "estou muito triste", enquanto esfrega os olhos e chora! A demonstração é uma atitude deselegante e chega a insultar a inteligência do público!

O *ator explicativo* tende a dissecar o personagem, em vez de vestir sua pele sem julgamentos! Alguns atores sentem dificuldade para representar determinados papéis, porque discordam da ideologia do personagem. Eles confundem o papel do ator com o papel do juiz, do professor ou do psicólogo. Ora, quem explica é o professor, quem julga é o juiz e quem decifra a psique é o psicólogo. O ator apenas age!

Evite representar com angústia

A angústia não tem vida própria, pois esse sentimento parasita liga-se a outros para existir. Sentimos raiva angustiada, alegria angustiada, tristeza angustiada, sexualidade angustiada e até mesmo amor angustiado. Entretanto, não há *angústia angustiada*! Pelo fato de ser camaleônica, a angústia produz certa saciedade e funciona como uma força motriz para agir. Na linguagem popular dizemos "estou pilhado" porque o estresse é motivador e nos faz empreender, ainda que seja de uma forma negativa. Portanto, não é de admirar que muitos artistas utilizem a energia da angústia para atuar!

O problema é que a tecla da angústia aciona todo tipo de cacoetes e gestos nervosos, tais como: pendular, tamborilar os dedos, socar uma mão na outra, roer unhas, coçar o corpo e "não saber onde colocar as mãos". O rosto aflito tem uma expressão dura, a testa enrugada e as sobrancelhas franzidas. O ator que representa com ansiedade revela apenas seu pânico e insegurança por estar em cena, e o público percebe nitidamente o seu subtexto! Portanto, a angústia é um sentimento extremamente tóxico para a vida e para a arte. O melhor jeito de combater a angústia é utilizar a energia da paz como o motor da representação. O estado de paz é aquilo que chamamos de neutralidade cênica, porque a paz é *bege*. No estado de paz, a pessoa "não deve nem teme", como diz o ditado. Essa neutralidade pacífica funciona como o ponto morto da caixa de marchas, por onde as emoções partem e retornam. O "ponto neutro" é utilizado para corporificar emoções, e para pontuar os diversos ritmos e movimentos cênicos. Entretanto, o ator ansioso utiliza a angústia como o ponto neutro de sua caixa de marchas da expressão. O estado de ansiedade é facilmente confundido com neutralidade, porque o estresse também é *bege*, já que a angústia não tem uma forma definida e se hospeda em outras emoções!

Seja simples!

O ator simples é sempre o melhor ator, portanto, não carregue nas tintas, fale com naturalidade e não confunda os momentos de "mais emoção" com momentos de dramalhão!

Não enfeite o pavão com interpretações, porque interpretar é papel do público, e cabe a ele criticar a dramaturgia, o desempenho dos atores e finalizar o jogo com aplausos ou críticas. O ator que interpreta é como um *chef* que nos serve um prato pré-mastigado!

Seja generoso!

Atuar é um ato de generosidade, porque o ator representa para tocar o coração de quem lhe assiste. Quando penso em Marcello Mastroianni fico comovida, porque ele me fez rir e chorar, me provocou ternura e melancolia e senti vontade de protegê-lo. Em que cena, em qual filme? Não lembro, e não importa! Depois de certo tempo, o público esquece o enredo e lembra somente da emoção produzida pelo que viu. Portanto, o bom ator é aquele que imprime um sentimento profundo no espectador, e, por conta disso, nunca será esquecido.

Liberte-se!

Muitos artistas representam "corretamente", por medo de extrapolar e perder o tom. Essa faca de dois gumes protege do erro, mas inibe a força criativa. O médico, o engenheiro e o advogado não devem correr riscos pela própria natureza de suas profissões. Já o ator não pode representar com atitude de funcionário público, pois seu ofício requer coragem. O ator é essencialmente louco, ousado e criativo. Ele é o bobo da corte, o coringa, a ovelha desgarrada do rebanho institucional, pelo menos na hora de representar. Como dizia o Chacrinha: *"Eu não vim para explicar, eu vim para confundir!"* A "loucura cênica" não tem nada a ver com a "vida real". Por ser parente do humor, a loucura cênica demanda a capacidade de *saber rir de si mesmo*. Evidentemente, saber rir de si mesmo é um antídoto contra a chatice, a vaidade, a insegurança e o heroísmo cênico. Uma pitada desse elemento coloca o ator no tom certo e gera uma empatia muito forte com o espectador.

Conheci um grande palhaço italiano que me revelou um segredo da profissão: ele dizia que era preciso manter o espírito do palhaço, sem levar a vida muito a sério. Antes de entrar em cena, durante o ritual da transformação, ele conversava com o espelho e afirmava: "Estou de passagem por este mundo". Afinal, temos os dias contados, e viver com alegria é o melhor a se fazer!

Invente-se!

O exercício da autoinvenção é fundamental para o ator, porque não há cópias ou xerox nesta profissão. Qual o sentido de repetir as mesmas coisas e cumprir um velho papel preestabelecido? *O ator precisa ser livre para se inventar!* Quem inventou Chaplin, Garbo, Peter Sellers, Marlon Brando? Eles se inventaram, permaneceram além do seu tempo e tornaram-se universais!

O processo de autoinvenção começa pela respiração, que leva à simplicidade, que leva à generosidade, que leva à liberdade, que leva à arte! Portanto, *invente-se como ser humano, pensador e artista.* Isso é tudo o que deixamos e pelo qual seremos lembrados.

Shakespeare definiu o ator como um "arauto dos tempos", e tal função demanda um ser humano amplo, consciente, motivado, flexível, inspirado e inspirador!

Capítulo 16

O Treinamento Essencial para o Artista

O corpo humano foi concebido para realizar todo tipo de movimentos, como nadar, correr, dançar e saltar. Entretanto, suas ações básicas são respirar e andar. Essas práticas tão simples podem ser feitas em qualquer lugar, a qualquer momento e não custam nada!

Podemos aliar a caminhada com a prática da respiração consciente e ter um exercício diário milagroso para o físico, a mente e a alma!

A Alquimia da Respiração

Os mestres chineses de artes marciais da Antiguidade consideravam a respiração um milagre de transformação alquímica. Segundo eles, o universo é animado por uma energia única e universal. Essa energia é a própria vida, que é tudo e está em tudo.

No ato da inspiração, a energia universal é tragada para dentro do corpo e transforma-se em força vital. No ato da expiração, a força vital é devolvida ao universo, voltando ao estado inicial de energia.

Para os alquimistas chineses, o ato de respirar é um diálogo entre o criador e a criatura, e consiste na mais pura forma de oração!

Caminhar e Respirar

Caminhar e respirar são uma receita de sabedoria e longevidade que vem desde os tempos imemoriais. O livro *Tao Te Ching*, escrito pelo filósofo Lao-Tsé no ano 600 a.C., apresenta os comandos para realizar esta prática.

– *"Ser vazio interiormente, e levar a força do 'Tantien' ao cocuruto da cabeça."*

Quando nos esvaziamos do turbilhão de pensamentos e sentimentos angustiantes, podemos fazer contato com a nossa força vital, que se manifesta por meio de cada alento. O sopro da vida é pressionado a partir do Tantien ou Hara (o ponto de força que sustenta a estrutura física, situado a três dedos abaixo do umbigo), subindo até o cocuruto da cabeça.

A cada inspiração, o Tantien deve ser pressionado na direção das costas, mantendo-o firme e ativado.

– *"Encolher ligeiramente o peito, esticando as costas por trás. O cocuruto da cabeça fica paralelo ao céu."*

Na caminhada é necessário alargar e encompridar as costas, mantendo a nuca longa para que a cabeça fique bem posicionada, apontando em direção ao céu.

– *"Afrouxar a cintura."*

Quando a cintura se afrouxa, o corpo ganha a possibilidade de torcer e girar. Entretanto, quando a cintura se fixa, ocorre uma estagnação de energia que torna os movimentos robotizados.

– *"Baixar os ombros, deixar cair os cotovelos."*

Quando os pés não fazem contato com o solo, tendemos a estabilizar a postura colando os ombros às orelhas e crispando os cotovelos. Para plantar o corpo ao chão é preciso realizar o movimento oposto, ou seja: baixar os ombros e deixar os cotovelos frouxos e pesados.

– *"Em lugar de força muscular, usar sabedoria para comandar os movimentos."*

O organismo saudável responde à lei do menor esforço, pois consome pouca energia vital para manter-se vivo e operante. Já o corpo estressado pelo esforço muscular e pela fadiga crônica consome uma quantidade absurda de energia vital para desempenhar tarefas banais, e não lhe sobra força para mais nada. Seguir a lei do menor esforço significa jamais extrapolar os nossos limites, impondo um regime espartano ao corpo. A dor, o cansaço, a sensação de "corpo moído" ao praticar exercícios são advertências de sobrecarga no sistema.

– *"Ligar alto e baixo."*

A beleza e a perfeição de movimentos que apreciamos no salto de um felino e na cavalgada de um cavalo são fruto de uma coordenação natural entre as quatro patas dos bichos. Para obter a mesma destreza, é preciso dissociar os movimentos das pernas e dos braços, embora mantendo a coordenação entre eles.

– *"Manter a calma interna durante o movimento."*

Quando nos movemos em apneia, ativamos o mecanismo do estresse, produzindo uma descarga de adrenalina que acelera as batidas do coração, crispa as articulações e sobrecarrega os músculos por intermédio de um esforço desnecessário. Para manter a calma durante o movimento, é preciso mover a batuta da respiração.

As Ordens de Movimento para Equilibrar a Postura

Mantenha a flutuação da cabeça e a visão circular.

Alongue a nuca e o pescoço.

Relaxe os esfíncteres.

Relaxe a língua sobre o palato da boca.

Mantenha o tórax erguido e aberto, preservando os espaços entre as vértebras e as costelas.

Mantenha a cintura frouxa e o umbigo descolado.

Pressione o ponto "Hara" em direção às costas.

Mantenha a coluna ereta, com a base apontando para o chão.

Mantenha as articulações relaxadas:

Cotovelos pesados, ancorando os ombros para baixo.

Mãos distendidas, dedos alongados.

Joelhos distendidos, longe da bacia.

Mantenha as bordas externas e internas, calcanhares e dedos dos pés bem plantados ao chão.

Realize o movimento de mata-borrão a cada passo, transferindo o peso de um pé ao outro.

Mova-se ritmicamente com todo o corpo.

O Treinamento da Expressão

O treinamento da expressão condiciona a musculatura para acionar as emoções pela via física.

Exercitando o Teclado da Expressão

1. Visualize um teclado emocional acoplado ao eixo longitudinal do corpo, onde cada tecla aciona a emoção que lhe corresponde.

2. Acione cada tecla através do seu comando muscular específico.

Exemplo: a **tecla da raiva** *é pressionada através da Postura de Ataque – plante-se ao chão, contraia o corpo, feche os punhos, tencione as mandíbulas e respire no abdômen.*

3. Espere alguns instantes, para que o corpo seja invadido pela raiva. Em seguida, fale com raiva, projetando a voz pela mesma tecla.

Fale com raiva: "Parabéns para você, nesta data querida. Muitas felicidades, muitos anos de vida".

Vamos repetir a experiência, pressionando variadas teclas. Repita a frase, com a voz embargada pela emoção que lhe corresponde.

As teclas graves do teclado acionam os instintos.

A **tecla do ódio** planta os pés ao chão, sua expiração é longa e imobiliza o corpo.

A **tecla da inveja, do sarcasmo e do cinismo** ativa a postura do ódio, projetando esses sentimentos através do ânus.

A **tecla da sensualidade** produz calor no baixo-ventre por meio de uma respiração curta nessa parte inferior do abdômen. O desejo é molhado e produz saliva na boca. Para salivar, basta colocar atenção no umbigo. Quando já estiver salivando, entreabra os lábios e respire no seu objeto de desejo.

As teclas médias do teclado acionam os sentimentos do ego.

A **tecla da alegria** eleva as costelas para cima, na direção do topo da cabeça e para as diagonais, na direção das axilas.

A **tecla da ternura** amplia a parte superior do tórax, para frente e para cima.

Nas **teclas do orgulho, da arrogância, da prepotência e da vaidade**, o tórax infla-se em fixação inspiratória, projetando o peito "para cima e para frente" e fechando as costas. A expiração é curta e superficial, a pausa respiratória é brevíssima.

A **tecla do poder** enrijece a nuca, endurece o olhar e sua cadência respiratória é muito lenta.

Na **tecla da tristeza**, as costelas se abaixam e se fecham a cada expiração.

A **tecla da mágoa** produz nós que bloqueiam a trajetória do ar. O primeiro nó fecha o laringe, o segundo afunda o plexo solar.

A **tecla do desespero** contrai o ânus e repuxa a língua na direção da goela. Sua respiração é abdominal, curta e ofegante.

A **tecla do medo** aciona a musculatura do terror, embora de maneira mais suave.

As teclas agudas do teclado acionam os sentimentos amorosos e leves.

As **teclas do amor, da modéstia, da gratidão e da generosidade** são acionadas através de uma respiração suave, permitindo que o ar chegue até o topo da cabeça e inunde os olhos.

Vivência – Acione as Emoções Propostas de Forma Muscular

Repare que os comandos físicos demandam um certo tempo para serem executados, tornando a cena mais longa e mais dramática.

Acione os comandos da raiva: *"Eu não aguento mais, você está me tirando do sério!"*

Diminua a intensidade da raiva: *"Quantas vezes eu preciso dizer que não gosto de sua atitude?".*

Acione os comandos da mágoa: *"Pense bem, isto está roendo a corda de nossa relação".*

Diminua a intensidade da mágoa: *"Eu te amo demais, mas estou sofrendo".*

Acione os comandos da ternura: *"Vamos dar um jeito de resolver esta situação?"*

Acione os comandos do amor: *"Eu não quero te perder, você é muito importante para mim!"*

Elaborando a Autoimagem

Para concluir o treinamento, proponho uma reflexão sobre os pontos trabalhados. A investigação de nós mesmos produz um grande salto de consciência que é fundamental para a formação do artista.

O que aprendi sobre mim neste momento do processo? Como vivo dentro do meu corpo?

Eu respiro ou passo a maior parte do tempo em apneia?

Quais Círculos Espaciais meu corpo gosta de ocupar?

Eu gesticulo muito?

Qual é o tônus dos meus gestos? Suave ou brusco? Em quais circunstâncias?

Minha expressão facial é de preocupação ou expressa placidez? (Lembre-se que mesmo se sentindo tranquilo, os músculos faciais podem estar retesados em uma máscara de preocupação.)

Como me comunico através do olhar?

Arregalo ou contraio os olhos para falar?

Mantenho a flutuação do olhar quando estou calado?

A expressão de meu olhar é dura? Macia?

Eu olho nos olhos das pessoas ou desvio o olhar? Em quais momentos?

Eu contraio a nuca para me expressar? Quando?

Qual o ritmo de meus movimentos? Rápido, lento, quebrado? Em quais circunstâncias?

Qual é o padrão postural que mais se afina comigo?

Quais são as emoções que estão fortemente desenhadas em meus músculos?

Quais os Territórios Emocionais mais utilizados em minha expressão?

Quais são as teclas do Teclado Emocional que tenho dificuldade em contatar?

Eu piso firme no chão?

Efetuo o movimento de mata-borrão a cada passo?

Quando estou parado, meus pés ficam paralelos?

As pontas dos pés convergem para dentro ou para fora?

Meus passos são largos ou pequenos?

Eu pendulo o corpo quando estou parado?

Tenho cacoetes? Quais?

Eu me expresso com o corpo todo?

Minhas costas e laterais participam de minha expressão?

Eu utilizo as três vozes para falar?

Qual o timbre vocal que mais utilizo? Em quais circunstâncias?

Eu mastigo as vogais ou falo com a boca engessada?

Eu projeto a voz? Qual é o Círculo de Espaço que mais utilizo para falar?

Qual é o ritmo de minha fala? Eu atropelo as palavras? Falo lentamente? Respeito as pausas?

Eu identifico o estado de Inexpressão em meu corpo e atitudes?

Quais são as circunstâncias que me levam ao estado de Inexpressão?

Eu utilizo comandos negativos para me expressar? Posso identificá-los?

Eu penso proativamente?

Quais são as vias de pensamento negativas que costumo utilizar?

Como transformá-las em comandos positivos?

Quais os possíveis obstáculos para esta transformação?

Fim

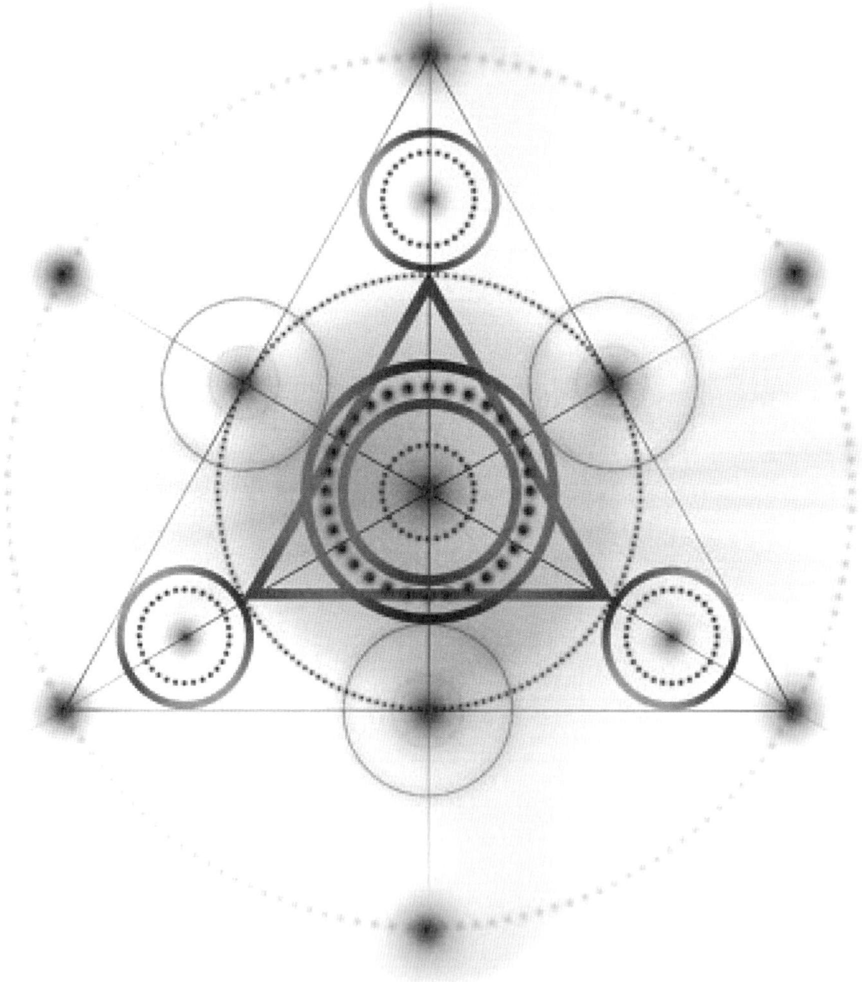

Referências Bibliográficas

ALEXANDER, F. M. *A Ressureição do Corpo*. São Paulo: Martins Fontes, 1993.

_____. *O Uso de Si Mesmo*. São Paulo: Martins Fontes, 1992.

ARTAUD, Antonin. *O Teatro e Seu Duplo*. São Paulo: Max Limonad, 1984.

BENJAMIN, Walter. *Magia e técnica, arte e política: ensaios sobre literatura e história da cultura*. Sérgio Paulo Rouanet (trad.); Jeanne Marie Gagnebin (pref.). 7. ed. São Paulo: Brasiliense, 1994. [10ª reimpr., 1996]

CALAIS-GERMAIN, Blandine. *Anatomia para o Movimento*. São Paulo: Manole, 1992. 2 v.

CAPRA, F. *Ponto de Mutação*. São Paulo: Cultrix, 1982.

CHAPLIN, Charles. *Chaplin por Ele Mesmo*. São Paulo: Martin Claret, 1989.

DESPEUX, Catherine. *Tai Chi Chuan*: Arte Marcial, Técnica da Longa Vida. São Paulo: Pensamento, 1981.

EINSTEIN, Albert. *Como Vejo o Mundo*. Rio de Janeiro: Nova Fronteira, 1981.

FELDENKRAIS, M. *Body and Mature Behavior*. New York: International Universities Press, 1992.

GREINER, Christine. *Butô*: Pensamento em Evolução. São Paulo: Escrituras, 1998.

GROTOWSKY, J. *Em Busca de um Teatro Pobre*. Rio de Janeiro: Civilização Brasileira, 1987.

KELEMAN, Stanley. *Corporificando a Experiência*. São Paulo: Summus, 1987.

_____. *Padrões de Distresse*. São Paulo: Summus, 1992.

LABAN, Rudolf. *Domínio do Movimento*. São Paulo: Summus, 1971.

MORIN, Edgar. *O Método*: o Conhecimento do Conhecimento. Porto Alegre: Sulina, 1999.

NAVARRO, Federico. *Terapia Reichiana*. São Paulo: Summus, 1987.

RECTOR, Mônica; TRINTA, Aluízio. *Comunicação Não Verbal*: a Gestualidade Brasileira. Petrópolis: Vozes, 1985.

ROLF, Ida. *A Integração das Estruturas Humanas*. São Paulo: Martins Fontes, 1977.

SCONAMILIO, Maria Pia. "Entrevistas com Kazuo Ono". *Jornal do Brasil*, Rio de Janeiro, 1999. Caderno Ideias.

_____. "O Tao do Corpo". *Cadernos de Teatro*, Rio de Janeiro, n. 131, 1992.

_____. *Postura Corporal*, 2000.

_____. *Formação em Terapia Corporal*, 2000.

_____. *Dramaturgia Corporal*, 2000.

_____. *Anatomia da Expressão*, 2014.

_____. *Organização Muscular da Expressão*, 2014.

_____. *Corpo Quântico:* Anatomia da Expressão. São Paulo: Madras, 2018.

SOUCHARD, E. *Ginástica Postural Global*. São Paulo: Martins Fontes, 1985.

TOJAL, J. Batista. *Motricidade Humana*: o Paradigma Emergente. Campinas: Unicamp, 1994.

VIANNA, Klaus. *A Dança*. São Paulo: Siciliano, 1990.